現代化新征程中的

數字經濟

李三希 著

開明書店

前　言

　　數字經濟的定義到目前為止有多個版本，這些版本大同小異。其中，國家統計局頒佈的《數字經濟及其核心產業統計分類（2021）》中對數字經濟的定義，參考了 G20杭州峰會提出的《二十國集團數字經濟發展與合作倡議》以及《中華人民共和國國民經濟和社會發展第十四個五年規劃和2035 年遠景目標綱要》（以下簡稱「十四五」規劃綱要）等政策文件，準確地反映了數字經濟的本質。其對數字經濟的定義如下：「數字經濟是指以數據資源作為關鍵生產要素、以現代信息網絡作為重要載體、以信息通信技術的有效使用作為效率提升和經濟結構優化的重要推動力的一系列經濟活動。」

　　「十四五」規劃綱要中，將加快數字化發展和建設數字中國概括成四個方面，分別是數字經濟、數字社會、數字政府和數字生態。其中，數字經濟包括數字技術、數字產業化和產業數字化；數字社會包含智慧公共服務、智慧城市、數字鄉村以及數字生活；數字政府涵蓋公共數據共享共用、政務信息化共建共用，以及政務服務智能化數字化；數字生態包括完善的數據要素市場和規範有序的政策環境。「十四五」規劃綱要全面覆蓋了數字化的方方面面，客觀反映了數字經濟與數字化的內涵。

　　本書將遵循「十四五」規劃綱要的基本邏輯，不僅涵蓋「十四五」規劃綱要中數字經濟的部分，還涵蓋數字社會、數字政府和數字生態等部分。因此，本書書名中的數字經濟，可以理解為廣義的數字經濟。我們將全面回顧中國在數字化發展和數字中國建設過程中的努力和取得的成就，總結在此過程中碰到的問題和挑戰，並有針對性地提出相應的政策建議，希望對未來中國數字經濟的發展提供有意義的借鑒。

　　作者非常感謝中國人民大學的信任，感謝寫作過程中各位同事同仁的討論和支持，尤其特別感謝中國人民大學學生武璵璠、蔣冬雪、李嘉琦、陳煜、朱婷、羅麗娟、曾茂霞、孫昊、張明聖、王泰茗、張仲元、王雅楠在本書寫作過程中付出的辛苦助研勞動。

目　錄

導論

一、全面發展數字經濟的時代意義

全面發展數字經濟已經上升為國家重大戰略。在中共十九大報告中，習近平主席做出了「數字經濟等新興產業蓬勃發展」的科學判斷，同時提出了利用創新技術建設數字中國的戰略部署。隨後，在 2018 年的 G20 峰會上，習近平主席指出世界經濟數字化轉型是大勢所趨，同時強調了數字經濟背景下教育和就業培訓的重要性。2019 年《政府工作報告》又明確指出，要「深化大數據、人工智能等研發應用，培育新一代信息技術、高端裝備、生物醫藥、新能源汽車、新材料等新興產業集羣，壯大數字經濟」。2021 年，在中共中央政治局第三十四次集體學習時，習近平主席再次強調，數字經濟正在成為重組全球要素資源、重塑全球經濟結構、改變全球競爭格局的關鍵力量。在談及如何發展數字經濟，充分把握新一輪科技革命和產業變革新機遇時，習近平主席進一步指

出，要加強關鍵核心技術攻關，促進數字技術與實體經濟深度融合，賦能傳統產業轉型升級，同時加快新型基礎設施建設，充分發揮海量數據和豐富應用場景優勢，催生新產業新業態新模式，並不斷規範完善數字經濟治理體系，做強做優做大中國數字經濟。由此可見，全面發展數字經濟，是中國全面建設社會主義現代化國家新征程中的重要篇章，具有重大的時代意義。

　　第一，全面發展數字經濟，有助於為新發展階段經濟增長提供新動能。中國信通院發佈的《中國數字經濟發展白皮書（2020 年）》指出，在 2020 年，中國數字經濟佔 GDP 的比重已經達到 38.6%，規模高達到 39.2 萬億元。以人工智能、區塊鏈、雲計算、大數據為代表的數字技術，與實體經濟深度融合，推動着新一輪的技術與產業革命。數字經濟正全面融合滲透到傳統產業中，推動傳統農業、工業和服務業轉型升級，重構市場結構和生態，催生新產業、新業態和新模式，顯著提高全要素生產率，同時降低市場摩擦，提高市場運行效率，為經濟增長提供新動能。在 2020 年全球疫情防控過程中，世界各國更是感受到了數字技術與實體經濟深度融合所帶來的巨大效益，紛紛從國家層面制定大力發展數字經濟的規劃與政策。大力發展數字經濟，有利於中國搶佔全球產業競爭

制高點。

第二，全面發展數字經濟，有助於全面貫徹新發展理念。新發展階段必然要求經濟社會發展的重心從以前的粗放式高速增長轉向以新發展理念為指導的高質量增長，而發展數字經濟有助於這一目標的實現。

發展數字經濟有助於貫徹創新發展理念。首先數字經濟發展的底層核心技術代表着科學技術的前沿。數字技術的核心層包括半導體、通信技術（CT）、信息技術（IT）、智能硬件。半導體廣泛應用於芯片、光電子、人工智能等領域，是核心層的基石；信息技術包含人工智能、區塊鏈、雲計算、大數據技術；最新的通信技術包括基於 4G 和 5G 開發的相應技術；智能硬件則是硬件的智能化，是未來硬件創新的主要方向。發展數字經濟，勢必意味着中國未來會在數字技術核心層進行大量投入，以增強在數字技術核心層的自主創新能力。此外，數字技術的廣泛使用還能助力其他領域的研發，提高中國的綜合創新能力。比如，人工智能在科研中的深度應用能夠推動科學研究向數據密集型範式轉變，從而提高科研效率，降低科研成本，縮短科研周期，加速科研成果的工程化和產業化。

發展數字經濟有助於貫徹協調發展理念。數字經濟將交

易服務轉移到虛擬空間，從而打破了地理區域空間的限制，更有利於區域的協調發展和城鄉的協調發展。北京大學發佈的報告《數字經濟助力中國東西部經濟平衡發展——來自於跨越「胡煥庸線」的證據》通過嚴謹的數據分析發現，通過資金網絡、信息網絡和物流網絡的普及，數字經濟突破了「胡煥庸線」，縮小了東西部經濟發展差距，更好地實現了區域的協調發展。此外，過去許多偏遠鄉村地區的很多高質量的農產品受限於信息的不通暢，無法商品化，農業收益無法實現。農村電商的發展解決了這一供需雙方的信息摩擦問題，助力鄉村振興，更好地實現了城鄉的協調發展。

　　發展數字經濟有助於貫徹綠色發展理念。數字經濟的去物質化本身就降低了社會經濟活動對資源與能源的消耗。數據作為重要生產要素進入生產函數後，將提升其他生產要素的邊際生產率，更好地促進生產要素之間的協調，從而產生提質增效的效果，降低資源與能源的消耗。共享經濟如共享汽車的興起，大大提升了閑置資源的利用率，增強了節能減排效果。智慧城市建設可以通過智能交通緩解城市擁堵，通過智能空調、智能照明降低設備能耗。數字技術還可以幫助完善碳排放交易機制，提高碳排放管理效率。最後，數字技術可以幫助將生態產品、生態環境價值化，提高生態經濟的可持

續發展能力。

發展數字經濟有助於貫徹開放發展理念。在反全球化浪潮洶湧的今天，利用好數字技術，可以更好地實現中國的對外開放。互聯網創立的初衷，就是要實現開放，突破地區和國別的限制，讓整個地球更緊密地聯繫在一起。跨國的經濟貿易活動也因為數字技術的存在而變得更為方便。跨境電子商務在開放中扮演着越來越重要的作用。據海關統計，2020年通過海關跨境電子商務管理平台驗放進出口清單 24.5 億票，同比增長 63.3%。跨境電商進出口 1.69 萬億元，同比增長31.1%。

發展數字經濟有助於貫徹共享發展理念。數字經濟帶來的效率提升並不會被所有人共享。事實上，數字經濟發展還有可能帶來一些不平等，比如數字技術的發展必然會淘汰掉一些就業機會，數字技術的特性也有可能造成壟斷問題，數字鴻溝和數字時代勞動者的保障問題也一直存在。但是，只要引導數字經濟朝正確的方向發展，就有助於實現成果的共享。這裏舉三個例子。其一，農村電商的興起，在增加農民收入、促進農業產業化方面發揮了重要作用，讓更多農民收益。其二，科技金融的興起，能更好地解決中小企業融資中的信息不對稱問題，緩解中小企業融資難的矛盾，讓更多小

微商戶受益。其三，所有以虛擬形式存在的數字產品，由於邊際生產成本為零，通常能夠以極低的價格，甚至免費提供給消費者，比如大家常用的即時通信服務、搜索服務以及各種視頻類產品等。

第三，全面發展數字經濟，有助於構建新發展格局。鑒於國際形勢的轉變，中國面臨的外部環境日趨嚴峻，不確定性和不穩定性上升，因此必須構建以國內大循環為主體、國內國際雙循環相互促進的新發展格局。

發展數字經濟有助於拉動內需，幫助形成國內大循環。從需求端來看，數字經濟降低了消費者的購物成本，讓購物不再受時間和空間的限制，增強了消費意願。此外，數字經濟提高了匹配效率，讓消費者能更好地找到自己需要的產品，從而提高了邊際消費傾向。從生產端來看，數字技術有助於企業採取個性化定製方式柔性化生產，從而提高供給側質量，更好地滿足消費者的需求。數字技術還催生了大量的新業態，如直播經濟、線上辦公、互聯網醫療等，促進了人們消費理念的升級，同時也培養了新的消費習慣。此外，數字經濟有助於打通生產、分配、流通、消費各個環節，從而充分利用國內超大市場的規模優勢。

把數字經濟發展延伸到國內外經濟合作，還有助於外循

環的高質量發展。數字技術有利於國內外產業鏈上下游企業的整合，有利於生產要素和資源的高水平融合。「一帶一路」合作網絡的構建、跨境電子商務的開展、遠程跨國辦公的可能性，將會促進數字貿易和國內產業融合發展，有助於構建高質量的外循環。

二、全書章節結構關係概覽

　　2021 年第十三屆全國人大四次會議通過的《中華人民共和國國民經濟和社會發展第十四個五年規劃和 2035 年遠景目標綱要》（「十四五」規劃綱要）中，數字經濟單獨成篇，「加快數字化發展，建設數字中國」被列為「十四五」時期國民經濟和社會發展的重要任務之一。具體而言，「十四五」規劃綱要共用一篇四章的篇幅為未來的數字化發展指明了發展思路和具體抓手，包括打造數字經濟新優勢、加快數字社會建設步伐、提高數字政府建設水平以及營造良好數字生態。而打造數字經濟新優勢又是這四項工作中的重中之重，新優勢的形成與鞏固需要加強關鍵數字技術創新應用、加快推動數字產業化以及推進產業數字化轉型。基於此，本書共分七章，前六章從經濟學的角度分析政府制定「十四五」規劃的理論依據和現

實考慮，在對當前數字經濟發展形勢進行研判的基礎上，挖掘未來發展面臨的機遇和挑戰，並給出相應的政策建議，最後在第七章對全書進行總結。本書亦可作為對「十四五」規劃綱要中數字經濟部分的解讀。為便於讀者閱讀，列出本書各章間關係圖以供參考（見圖 0-1）。

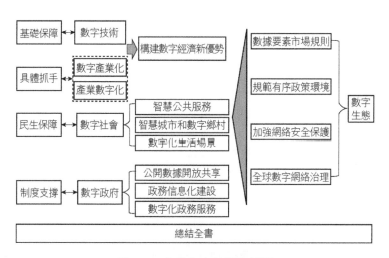

圖 0-1　本書內容結構關係圖

第一章

數字技術創新：數字經濟發展的基礎

數字技術創新是數字經濟發展的基礎，是數字化深層次轉型的核心力量，能夠推動中國數字產業化和產業數字化發展，推動數字經濟和實體經濟深度融合，助力供給側結構性改革，推動經濟高質量發展。本章將詳細梳理中國數字技術創新的現狀，分析數字技術的發展趨勢及其所面臨的問題和挑戰，並就如何加快中國數字技術創新給出相關政策建議。

第一節　發展現狀

信息化協同創新專委會在 2020 年的《數字經濟核心科技深度報告：AI+5G 是數字時代通用技術平台》[1] 中對中國數字技術做了非常詳細的論述。本章主要參考這個報告，結合其他

1　信息化協同創新專委會.數字經濟核心科技深度報告：AI+5G 是數字時代通用技術平台 [R/OL].（2020-10-14）[2020-11-25].https://www.sohu.com/a/424733218_781358.

資料，主要從國際對比的角度對中國數字技術的發展現狀做全面總結。《數字經濟核心科技深度報告：AI+5G 是數字時代通用技術平台》認為數字經濟的核心技術主要包括半導體、通信技術（CT）、信息技術（IT）、智能硬件。本書在此基礎上增加以數字孿生為代表的其他技術，這些核心技術是支撐數字經濟發展的基座。半導體作為最基礎的計算存儲硬件單元，廣泛應用於芯片、光電子、人工智能等領域，是電子工業與數字經濟的基石。以 5G、物聯網為代表的通信技術是數字經濟的鏈接渠道，發揮着數據傳輸的功能。而以人工智能、雲計算與區塊鏈技術為代表的信息技術是數字經濟的核心，決定了數字企業的數據收集、計算處理能力，決定了數字企業的價值創造能力。智能硬件（包括手機、PC、可穿戴設備等）相當於數字經濟的「網絡神經末梢」，實現用戶與數字企業的交互。除此之外，數字孿生等其他技術也愈加受人重視，其以數字方式為物理對象創建虛擬模型，對實現信息技術與智能製造的融合極為重要（見圖 1-1）。

　　核心技術的掌握情況是決定互聯網企業能走多遠的關鍵因素。中國在數字技術創新方面取得了巨大的成績，在 AI 應用、5G、硬件製造等方面處於領先水平，在信息技術方面取得了不錯的成績，但是在核心技術上與國際領先水平還存在一

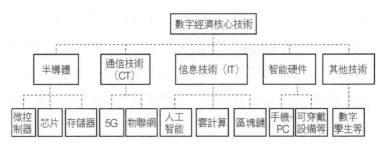

圖 1-1　數字經濟核心技術構成

定差距，而在半導體、數字孿生方面，中國與世界領先水平還存在巨大差距，存在「卡脖子」的問題。

一、通信技術：5G 與物聯網處於全球領先水平

（一）5G 通信：5G 全產業鏈全球領先，但需警惕未來衛星互聯網顛覆 5G 優勢

通信技術是雲平台的「神經網絡」，用於數據傳輸，而數據的傳輸速率、容量、時延與安全性直接影響平台的發展。中國通信技術的迭代升級速度非常快，目前 5G 建設和物聯網接入已經走在了世界前列。

5G 通信技術具有高連接速率、超短網絡延時、海量終端接入、高安全性等優點，其高效的網絡利用效率支持海量智能終端的通信需求，可重塑平台接入層，實現萬物互聯。5G 的

發展也將改變傳統的計算與存儲模式，極大地強化用戶上雲趨勢，並帶來各種新應用與新硬件，比如 5G＋AI＋Alot 等系列智能網絡產品。

　　中國的 5G 建設目前已經實現了全產業鏈的反超領先。從標準制定與專利技術來看，華為、中興與三大運營商等企業強勢參與 5G 標準制定，在專利數量上領先。根據德國 IPlytics 公司發佈的報告，截至 2020 年 1 月，中國公司在 5G 專利族的申請數上佔 33%，領先於世界，但在核心的標準必要專利上，中國還略顯不足，尤其是高通的 LDPC 編碼技術，取得了移動寬帶控制信道的長短碼標準認定，奠定了其重要地位。

　　從通信基礎設施建設角度看，中國人均移動基站數約為美國的 5 倍，基站建設全面領先。工信部發佈的《2020 年通信業統計公報》顯示，截至 2020 年年底，全國移動通信基站總數達 931 萬個，全年淨增 90 萬個；新建 5G 基站約 58 萬個，基站總規模在全球遙遙領先，全部已開通 5G 基站超過 71.8 萬個，遠超 2019 年的 14 萬個（2019 年美國 5G 基站為 3 萬個），約佔全球 5G 基站的一半，在三線以上城市基本實現全覆蓋。此外，中國在 5G 頻譜劃分上更具有商業價值，以 2.6G、3.5G 和 4.9GHz 等中低頻段為主，一個 5G 基站的覆蓋半徑是

500~1000 米；美國採用毫米波組網，一個基站的覆蓋半徑只有 100~300 米，目前只能做個別商業區域的熱點覆蓋。

在終端產品層面，中國已經優先佈局，有望取得領先。各大手機廠商均已在 2019 年前後推出 5G 手機，如華為、OPPO、小米、vivo 的 5G 手機已經陸續面世，但蘋果公司等美國廠商在 2019 年還未推出 5G 手機。

但是，美國 SpaceX 推進的衛星互聯網建設可能會在未來顛覆中國的 5G 優勢，引起新一代技術革命。衛星互聯網具有低時延、低成本、廣覆蓋、網速快的優點，與 5G 網絡相輔相成，預計到 2029 年，美國總計約有 57000 枚低軌衛星，而中國在此方面的部署落後於美國。

（二）物聯網：連接數高於海外，操作系統層面基本持平

物聯網是各種智能設備、傳感器及計算器件以自動控制方式集合起來的網絡，其本質是尋找被忽視的數據和價值。基於物的連接，平台能夠更加深入地開發用戶的使用場景，幫助企業和個人提高效率、創造價值。

隨着網絡基礎設施的完善與數據處理能力的提高，中國物聯網連接數快速增長。據工信部統計，2019 年年底，三大運營商物聯網接入用戶已達到 12 億人，截至 2020 年 3 月，蜂窩物聯網終端用戶已達到 10.8 億人，預計到 2025 年中國物聯

網行業規模將突破 2.5 萬億元[1]。目前中國物聯網連接數已經超過海外，預計到 2030 年接入數量將再增長 10 倍。

在物聯網操作系統層面，華為的鴻蒙系統、阿里 OS 已經與 Google Brillo OS 等全球領先系統基本持平。但整體來看，中國 5G 應用和物聯網應用落地速度較慢。

二、信息技術：取得了不錯成績，但與國際領先水平仍有一定差距

數字經濟的發展演進離不開前沿信息技術的迭代更新，大數據 +ABC[AI（人工智能）+Blockchain（區塊鏈）+Cloud（雲計算）] 已經成為重要的科技手段，也是數字經濟重要的基礎設施。目前社會已經進入服務數字化（共享經濟、消費互聯網）、企業數字化（雲計算 +AI、產業互聯網）與社會數字化（萬物互聯與區塊鏈）時代，中國在信息技術上取得了相當喜人的成績，但在核心技術上與國際領先水平還有一定差距。

（一）人工智能：起步晚、發展快，但差距快速縮小

人工智能技術與互聯網平台息息相關。舉例來說，將人

1　前瞻產業研究院 .2022 — 2027 年中國物聯網行業細分市場需求與投資機會分析報告 [R/OL].[2021-03-15].https://bg.qianzhan.com/report/detail/678e0de2511a4c18.html.

工智能用於工業互聯網平台，有利於系統進行工況自感知、工藝自學習、系統自組織；人工智能也將在智能醫療、智能金融等服務業互聯網平台發揮重要作用。

從人工智能企業數量來看，美國 AI 企業起步於 1991年，於 2009 年開始高速增長，2013 年達到高峰後進入平穩期。中國的 AI 企業起步較晚，但自 2011 年開始高速增長，雖然發展階段相較美國晚 2~3 年，但總體數量上已經可與美國比肩。根據清華大學發佈的《中國人工智能發展報告 2018》[1]，截至 2018 年 6 月，全球監測到的 AI 企業有 4925 家，其中美國 AI 企業有 2028 家，中國 AI 企業有 1011 家，而 2016 年美國 AI 企業為 2905 家，中國僅有 705 家。根據中國信通院發佈的《2020 年全球人工智能產業地圖》，2020 年美國 AI 企業佔全球總數的 38.3%，中國以佔全球總數的 24.66% 排名第二。而從融資規模來看，2017 年全球人工智能投融資總規模達 395億美元，融資事件 1208 起，而中國人工智能總金額達 277.1 億美元，融資事件 369 起，融資金額佔全球的 70%，融資事件佔全球的 31%，由此可見中國在人工智能方面已成為世界上最

1　清華大學中國科技政策研究中心. 中國人工智能發展報告 2018[R/OL].（2018-07-24）[2019-02-23].http://www.clii.com.cn/lhrh/hyxx/201807/P020180724021759.pdf.

「吸金」國家。從 2014—2020 年的投資數量和投資金額來看[1]，2020 年歐洲人工智能行業的投資規模呈擴大趨勢，投資金額達 39.72 億元，投資事件為 40 起，近年來雖熱度下滑但相對穩定；2020 年美國人工智能行業的投資規模不斷擴大，投資金額不斷增加，達到 429.23 億元，相關投資事件為 101 起，單筆平均投資金額持續上升；日本受人工智能企業數量較少等因素影響，投資規模遠不如美國、歐洲和中國等國家和地區。

　　人工智能的應用技術主要包括語音類技術（包括語音識別、語音合成等）、視覺類技術（包括生物識別、視頻識別等）和自然語言處理類技術，未來人工智能將呈現螺旋式發展並快速擴張，最具有發展潛力的將是機器學習、圖像識別和智能機器人等領域。《中國人工智能發展報告 2020》顯示，過去十年全球人工智能專利申請量為 521264 件，呈逐年上升趨勢。其中，中國人工智能專利申請量為 389571 件，是排名第二的美國的申請量的 8.2 倍，位居世界第一，佔全球總量的 74.7%。中國人工智能企業在技術方面主要集中於視覺和語音，在基礎硬件方面較為不足。除此之外，從表 1-1 可以看到，由於各個

1　前瞻產業研究院. 中國人工智能行業市場前瞻與投資戰略規劃分析報告 2020[R/OL]. [2021-09-16]. https://doc.mbalib.com/view/a29e0d976e183d91de6f21d67c6a9dd3.html.

國家科技水平與關注領域不同，人工智能的重點研發領域與重
點應用領域也有不同，總體來看，在人工智能方面，中國與美
國的差距正在縮小。

表 1-1　世界各國人工智能佈局特點及研發策略比較分析

國家和地區	AI 發展支持政策	重點研發領域	重點應用領域
美國	指定 AI 研究為政府優先事項並調入更多支持資金和資源。確定了七項長期戰略：對 AI 研發進行長期投資；開發人機協作的有效方法；理解和應對 AI 帶來的倫理、法律和社會影響；確保 AI 系統的安全性；開發 AI 共享數據集和測試環境平台；建立標準和基準評價 AI 技術；更好地把握國家 AI 研發人才需求	側重機器學習、自主性、人機、倫理等方面的研究	大數據分析、情報分析、基因組及醫藥、視覺與機器人學、無人駕駛與導航等
歐盟	重視並推動 AI 發展中的倫理和安全理念，專門設立了高級別人工智能專家組（AI HLEG）	數據保護，網絡安全，人工智能倫理，數字技術培訓，電子政務，軍事、民用、倫理等方面	超級計算機、數據處理、金融、數字社會、教育
德國	用 AI+ 工業 4.0 打造「人工智能德國造」品牌；高度重視並大力支持人工智能科研和人才培養	維護社會整體價值觀和保障個人基本權利，服務於社會和人類	日常生活中的自主和智能系統

續表

國家和地區	AI 發展支持政策	重點研發領域	重點應用領域
英國	不斷加大政策、資金、人才和國際合作方面的佈局力度	從自動駕駛汽車到智能系統技術，從打擊假新聞到利用信息來制止和化解衝突的技術，從提高互聯網防禦能力到提高輔助決策能力的各種技術	國防和安全、軍事設備
日本	日本政府積極發佈國家層面的人工智能戰略、產業化路線圖，並主張構建有效且安全應用的「AI-Ready 社會」	機器人、腦信息通信、聲音識別、語言翻譯、大數據分析、科技創新綜合	生產自動化、智能農業、醫療健康、空間移動、人工智能新產品和新技術
中國	政府高度重視 AI 發展，從產業發展、教育等各個方面支持人工智能的發展	「1+N」計劃，「1」指人工智能重大科技項目，聚焦基礎理論和共性技術，「N」指各項產品研發應用自由發展；加強對人工智能與其他前沿科技交叉學科的探索	智能製造、智能農業、智能物流、智能金融、智能家居、行政管理、司法管理、城市管理

資料來源：清華大學 - 中國工程院知識智能聯合研究中心 . 人工智能發展報告 2020[R/OL]. （2021-01-20）[2021-06-17].https://www.thepaper.cn/newsDetail_forward_12252266.

（二）雲計算：中國雲計算落後美國 3~5 年

雲計算是互聯網平台的重要基礎設施之一。算力之於數字經濟，正如動力之於工業。據 IDC 預測，2025 年全球數據量將達到 175ZB，相比 2018 年增長了 5.3 倍。Marry Meeker 的研究報告表明，自 2017 年起，全球傳統數據中心逐漸退出，更多的市場份額轉向雲形態的數據中心。因此，雲計算在未來社會的地位將會不斷提升，其本身具有的虛擬化、一體化等特點將對推動經濟數字轉型有重要作用。美國於 20 世紀 90 年代就開始佈局雲計算產業，於 2020 年迎來大豐收，而中國在該領域佈局較晚，與美國差距較大。

首先，中國雲計算產業規模尤其核心層與美國差距巨大。從全球雲計算市場份額來看，亞馬遜、微軟、谷歌等三家美國公司分別在 2018 年和 2019 年總共佔據了 67% 和 68% 的市場份額，而阿里雲的市場份額則分別僅為 8% 和 9%。根據 Canalys、中信證券研究部的報告，如果僅關注 IaaS+PaaS[1] 領域，則阿里雲的市場份額低於 6%，且根據 IDC 數據，2019 年中國 SaaS[2] 的市場規模為 30 億美元，僅佔全球的 2%，而中國

1　IaaS，Infrastructure as a Service，基礎設施即服務；PaaS，Platform as a Service，平台即服務。

2　SaaS，Software as a Service，軟件即服務。

最大的 SaaS 企業金山辦公的市值在全球排在第 20 名左右。

　　其次，中國雲計算的資本支持不足，與其他國家存在較為明顯的差距，需要代表性廠商的持續投入與更有力的政策支持。

　　此外，中國雲計算結構發展不平衡，在 SaaS 方面與主要國家差距極大。雲計算產業鏈的核心為 IaaS、PaaS 和 SaaS，分別對應雲服務的底層、中層和頂層。根據 IDC、中國信通院的數據[1]，中國雲計算以 IaaS 為主，而以美國為主導的全球雲市場則以 SaaS 為主，頂層的 SaaS 佔公有雲的 63.6%。SaaS 是上層多樣的應用服務，是數字經濟最終價值形成的重要環節，也是制約中國數字經濟發展的瓶頸。

（三）區塊鏈：核心技術有一定差距，商業化程度低

　　區塊鏈是分佈式數據存儲、點對點傳輸、共識機制、加密算法等計算機技術的新型應用模式。近年來，區塊鏈在中國引起了廣泛關注，被認為是繼大型機、個人電腦、互聯網以後的顛覆性創新，在國家發展改革委的定義中，區塊鏈、人工智能與雲計算被列為「新型技術基礎設施」，在國家層面給予

1　騰訊研究院 . 中美 SaaS 比較：落後十年，十倍差距 [EB/OL]. （2021-03-02）[2021-08-19].https://tisi.org/17749.

了高度重視。據互鏈脈搏研究院（IPRI）統計，截至 2020 年
9 月，中國共有 35 處區塊鏈園區（含在建）。據中商產業研究
院和前瞻產業研究院預測，中國區塊鏈產業規模在 2025 年將
達 389 億元。

目前，區塊鏈已經涉及物聯網、智能製造、供應鏈管理
與數字資產交易等領域，並為數字經濟的轉型及其應用的豐
富化提供了可能（見表 1-2）。比如，2016 年 8 月微軟在 Azure
雲平台裏面提供區塊鏈，開發者可以在上面以最簡便、高效的
方式創建區塊鏈環境，而區塊鏈網絡的去中心化特點也為物聯
網的自我治理提供了方法，有助於實現對平台的有效控制。

表 1-2　區塊鏈應用生態

應用領域	具體運用
共享經濟	租車、租房、知識技能
物聯網	物品溯源、物品防偽、物品認證、網絡安全性、網絡效率、網絡可靠性
IP 版權	專利、著作權、商標保護、軟件、遊戲、音頻、許可證、藝術品證明
通信	社交、消息系統
金融服務	支付、交易清結算、貿易金融、數字貨幣、股權、私募、債券、金融衍生品、眾籌、信貸、風控、徵信

此外，區塊鏈的通證化使得大件實物資產部分所有權成為可能，降低了投資與交易門檻，其智能合約又能夠保障市場規則、提高結算速度，因此區塊鏈也是構建數字資產交易平台的最優選擇。

區塊鏈在金融領域被當作一種不可篡改的分佈式記賬技術，其核心技術包括分佈式賬本（DLT）、密碼學、共識機制等[1]。從專利申請來看，中國在區塊鏈專利申請上數量領先但含金量低，截至 2019 年 6 月 27 日，中國區塊鏈專利申請總量為 1490 件，佔總量的 32.61%，而美國為 1344 件，佔總量的 29.41%。儘管中國區塊鏈技術專利申請佔比大，但大部分專利都圍繞存證溯源、數字錢包等應用領域，較少涉及核心技術，含金量較低；而美國專利則更多地聚焦共識機制和算法等核心技術[2]。

總體來看，在技術研發方面，美國在密碼算法等關鍵技術領域領先，但中美目前正在數字貨幣與跨境貿易方面展開競爭。數字貨幣方面，Facebook 主導的 Libra、中國人民銀行牽

1　區塊鏈的概念最早源於比特幣，在金融領域運用最廣，因此本書在探討中美技術差距時以金融領域為例。

2　郭滕達，周代數. 區塊鏈技術與應用發展態勢分析：中美比較視角[J]. 信息技術與網絡安全，2020（8）：1-5.

頭的 DC/EP 與瑞典等歐洲國家央行推動的數字貨幣形成了三強競爭局面。2019 年，新美國安全中心的報告也指出中國「一帶一路」倡議有望使涉及地區通過區塊鏈應用程序獲得金融服務，這有可能威脅美國在跨境貿易業務體系中的長期主導地位。

三、半導體：中國處在中低端水平，與國際領先水平差距大

過去幾年，國內芯片設計公司發展迅速，國產替代概念興起，但是，目前國產芯片替代主要集中在中低端產品，而在一些專利技術壁壘較高、研發投入大的領域，美國仍然處於完全主導的地位，中國則高度依賴從美日韓各國進口。

從芯片產品看，中國 2019 年的芯片自給率僅為 30%。在計算芯片和存儲器方面，中國遠遠落後於全球領先水平。2019 年全球計算芯片（CPU、GPU）市場規模為 606 億美元，主要被 Intel、AMD、英偉達三家美國公司壟斷，而中國目前 CPU 仍與國際先進水平存在 3 年的差距，在消費級 GPU 方面幾乎為空白；全球存儲器（NAND、DRAM）市場規模為 1095 億美元，是半導體的最大子類，目前市場主要由韓國廠商領導，而中國長江存儲的 NAND 等國內存儲器在近兩年才實現量產。

　　在應用處理器和微控制器（MCU）方面，中國廠商市場佔有率較低，但正在快速追趕，比如華為海思的麒麟 SoC 應用處理器，目前已經在性能上基本與蘋果等領先廠商持平；在模擬芯片領域，中國的聖邦、思瑞浦等模擬芯片廠商的一些消費級電源管理芯片在性能上已經能夠媲美 TI 等國際廠商，但在高速高精度數模轉換器、車規級模擬 IC 等產品上與美國差距較大。而在傳感器領域，中國在接觸式圖像傳感器、指紋識別傳感器等子類處於國際領先地位，而在溫度傳感器與 MEMS 傳感器方面較弱。

　　從產業鏈環節來看，上游 EDA 軟件是芯片設計的「基石」，根據 ESD Alliance 的數據，2019 年全球 EDA 市場規模達到 105 億美元，行業集中度高，被 Synopsys、Cadence、Mentor 三家企業寡頭壟斷，三大巨頭的市場佔有率超過 60%，而中國國內企業（這裏指除港澳台三地之外的企業，比如華大九天）市場佔有率低於 1%，幾乎為零。半導體設備方面，美國廠商處於主導地位，而半導體材料領域則被日本、歐美、韓國等國家或地區的少數企業壟斷，硅片、電子特種氣體等關鍵技術領域前五大公司的市場佔有率均超過 90%。在晶圓代工與封裝測試環節，中國企業的表現要稍好些，2019 年中國晶圓代工自給率達到 25%，並且中芯國際在先進制程上實現

了 14nm 的突破，與台積電 5nm 制程的差距在縮小，而在封裝測試環節已基本實現國產替代。中國半導體行業協會數據也顯示，2021 年全球十大外包封測廠中，中國企業長電科技、通富微電和華天科技分別位居全球第 3、6、7 名，佔據 26% 的全球市場。

四、智能硬件：創新模式不同，底層技術上仍存在一定差距

智能硬件是數字技術應用的終端，其每次創新變革都會為用戶提供更加自然的交互方式和更加便利的連接。目前，隨着 AIoT 的發展，人機交互方式正在朝傳統的圖像交互（PC）走向觸控交互（觸摸屏和移動互聯網），並進一步向語音（TWS 智能音箱）、視覺（AR/VR）、神經電信號等方向變革。

據預測，AIoT 的行業規模將從 2019 年的 1578 億美元以 21% 的年複合增長率增至 2025 年的 4952 億美元，從而超過智能手機行業。CCS Insights 數據顯示，全球可穿戴設備出貨量有望從 2020 年的 1.93 億部高速增長至 2025 年的 3.88 億部。此外，IDC 數據還顯示，中國可穿戴設備出貨量也將保持高速增長，有望從 2020 年的 1.07 億部增長至 2025 年的 2.66 億部。

賽迪智庫的報告通過對中美智能硬件領域獨角獸企業的

分析，認為近年來中國智能硬件領域企業發展迅速，但在技術儲備、創新模式等方面與美國仍存在不小差距。

首先，中國智能硬件獨角獸企業數量和估值雖已超過美國，但含金量存疑。智能硬件領域，中國獨角獸企業數量與佔比皆高於美國，存在局部優勢。實際上，美國獨角獸企業成立時間大多超過 5 年且估值低於 20 億美元，在技術創新領域有重大突破，主營業務價值高。比如，美國醫療健康領域 Proteus 公司所推出的可吞服智能藥丸採用微型傳感器技術，可監測人體內生理參數，已獲得歐盟 CE 認證和美國 FDA 批准，引起了醫療巨頭的廣泛關注。而中國智能硬件獨角獸企業創立時間大多不足 5 年，但平均估值超過 70 億美元，這主要是源於對新型商業模式的價值預期，但其核心競爭力存疑。

其次，中美智能硬件領域獨角獸企業創新模式不同，美國公司更加注重底層技術創新，而中國公司則更注重商業模式創新。以美國 MagicLeap 公司與中國摩拜單車為例，MagicLeap 公司致力於 VR/AR 研發，核心團隊包括 OpenCV 的開發者等人工智能視覺行業領軍人物，截至 2017 年上半年，該公司已經申請發明專利近 200 項，累計融資近 20 億美元；而中國摩拜單車成立於 2014 年，首創基於移動互聯網平台的智能共享單車模式。

但同時，中國智能硬件領域正在飛速發展。在智能硬件領域，中國初創公司更容易獲得投資。2017 年上半年，美國智能硬件領域吸納投資額佔比不足 3%，而中國則超過 10%。

五、數字孿生：中國處於起步階段

除了半導體、通信技術、信息技術與智能硬件外，數字經濟的發展迭代還離不開其他一些科技的支撐，本章在此主要介紹數字孿生技術。數字孿生技術是工業互聯網平台的核心技術，其基於物理實體的基本狀態，以動態實時的方式建立模型、收集數據，並進行高度寫實的分析，可以有效連接設備層和網絡層，不斷將工業系統中的碎片化知識模型化並上雲傳輸到互聯網平台中，對實現 IT 與 OT 的融合有着重要作用。數字孿生技術生態系統見圖 1-2。

目前，數字孿生技術已經開始運用在工業互聯網平台上，比如西門子公司就在其工業互聯網平台 Mindsphere 上運用數字孿生技術實現了不同應用場景數據的打通。而達索也建立了自己的數字孿生平台 3D Excerprience，實現了設計、仿真、分析工具、協同環境、產品數據管理、社區協作、大數據等多種應用的打通。ANSYS 仿真平台可以連接到各種工業互

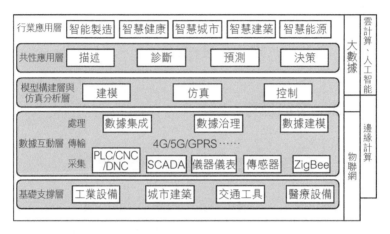

圖 1-2　數字孿生技術生態系統

聯網平台進行數據訪問和協同，比如 ThingWorx 平台和 Predix 平台，更快地診斷和解決故障。國內諸如航天雲網等工業互聯網企業也開始在數字孿生技術上尋求突破。

　　在數字孿生技術的研究與應用方面，中國與美國、德國差距較大。根據 Gartner 數據，截至 2019 年 1 月底，在實施了物聯網的企業中，已有 13% 的企業實施了數字孿生項目，62% 的企業正在實施或者準備實施，而這些企業多數是美國企業。截至 2019 年，全球共有超過 1000 所（個）高校（研究團體）參與數字孿生技術研究並公開發表相關研究成果，與美國、德國相比，中國在數字孿生技術研究上起步較晚，直到

2019 年，中國關於數字孿生技術領域的論文發表數量才超過600 篇，其中 2019 年的論文發表數量佔 50% 以上。

第二節　發展趨勢

一、重大顛覆性數字技術創新不斷湧現

當今世界，科技快速發展。隨着全球新一輪科技革命和產業變革的深入推進，人工智能、大數據、雲計算等多種新一代具有重大顛覆性的信息技術不斷湧現。除了大家熟知的基於信息通信技術深化發展起來的數字技術創新外，仿生、生物醫藥、生物工程等新生物技術，光伏、氫能、核聚變等新能源技術，石墨烯、生物材料等新材料技術也不斷取得突破[1]。數字時代，技術創新不是以線性方式而是以指數方式發展，呈現加速進步的趨勢。科技成果轉化速度明顯加快，新模式、新業態不斷湧現。顛覆性技術創新與漸進性技術創新交替出現與循環往復，新的科技創新演化路徑預示着第四次工業革命的興起。顛覆性數字技術是推動數字化深層次轉型的核心力量，對推動中

---

[1] 國務院發展研究中心「國際經濟格局變化和中國戰略選擇」課題組. 全球技術變革對國際經濟格局的影響 [J]. 中國發展觀察，2019（6）：11-20.

國數字產業化和產業數字化發展、推動數字經濟和實體經濟深度融合、助力供給側結構性改革、暢通國內大循環和國內國際雙循環，有着極為重要的現實意義。

二、技術與基礎學科交叉創新日益增多

在數字經濟飛速發展的過程中，學科交叉融合加速，新興學科不斷湧現，技術與基礎學科交叉創新日益增多。其重要原因在於數字技術的巨大需求，以光刻機為例，其製造集合了數學、光學、流體力學、高分子物理與化學、表面物理與化學、精密儀器、機械、自動化、軟件、圖像識別等領域的頂尖技術。為適應需求，中國科技部在 2020 年提出要加大基礎研究投入，優化投入結構，加大對冷門學科、基礎學科和交叉學科的長期穩定支持，為科研人員靜心思考、潛心研究、全心投入提供更好的服務，支持和鼓勵廣大科技工作者勇闖創新「無人區」。這些都有利於鼓勵立足基礎，促進學科交叉融合、交叉創新，激發創新潛能，創新人才培養模式。

三、技術創新更趨向以市場需求為導向

未來科技成果轉化改革的關鍵在於充分發揮市場在資源配置中的決定性作用，疏通技術和市場協同創新網絡中的現實

堵點[1]。換言之，技術創新要更以市場需求為導向。以市場需求為導向是由技術創新的內涵決定的。技術創新需要將科技和創新潛力轉化為競爭優勢，把市場需求、社會需求和國家需求作為基本出發點，重視創新的應用價值，並在市場競爭中進行創新檢驗。在技術的需求側，國家把科技創新放在創新驅動發展的核心位置，在激勵科技創新和成果轉化方面出台了密集的改革激勵舉措，尤其當前國內產業有迫切的轉型升級需求，使得對技術創新應用的需求也愈加迫切。在技術供給側，新技術新成果轉換為生產力和經濟效益的周期正在縮短，更能適應市場需求的變化。以市場需求為導向的技術創新，疏通了科技成果轉化鏈條，更符合中國現階段的實際情況，更有利於促進科技成果轉化，更有利於創造良好的技術創新市場和技術創新環境。

四、技術創新轉移轉化速度明顯加快

近年來，中國科技實力大幅提升，「科學技術是第一生產力」，科技成果轉化需要「加速度」，加之多數科學技術具有一定的時效性，因此要推動中國成為具有重要影響的科技和創

1　喻思南. 以市場導向推動科技成果轉化 [J]. 中國科技獎勵，2020，253（7）：29.

新大國，就必須加快技術創新轉移和轉化。國家互聯網信息辦公室發佈的《數字中國發展報告（2020年）》指出：中國目前數字中國建設質量效益加快提升，信息基礎設施建設規模全球領先，信息技術創新能力持續提升，科技成果轉移轉化速度明顯加快，數字經濟發展活力不斷增強，數字政府服務效能顯著提升，信息便民惠民加速普及，網絡空間國際合作深化拓展，信息化發展環境不斷優化[1]。

中國科技體制改革不斷深化，以市場為導向的創新格局日益形成，加快了科技轉移轉化速度。同時，科技成果的社會認知度得到提升，轉移轉化通道暢通，供需雙方精準匹配，也使得技術創新轉移轉化速度明顯加快。但需要注意的是，科技成果如果在轉化周期內沒有轉化為生產力，其經濟潛能很快就會衰減，因此，今後需要逐步解決研發主體和企業間信息不對稱等問題，更好地實現技術創新的轉移轉化。

五、高價值創造使人才待遇顯著上升

數字經濟的快速發展使得高價值創造的重要性日益突顯。這就要求在數字技術創新中，企業必須擁有高質量的數字

---

1 國家互聯網信息辦公室. 數字中國發展報告（2020年）[R/OL].（2021-06-28）[2021-08-19].http://www.cac.gov.cn/2021-06/28/c_1626464503226700.htm.

技術創新型人才，因此人才培養顯得尤為重要。一項最新數據顯示，在 2021 年 3 月，有數字人才需求的企業總計 133815 家，數字人才崗位需求量總計 1732148 個，全國數字人才年薪平均值為 15.02 萬元。值得注意的是「90 後」已成為數字人才主力軍，數字人才需求主要集中在數字產業發達地區，民營企業對數字人才的需求量約為國有企業的 9 倍，但國有企業的薪資水平更加吸引求職者。

從數據可以看出，人才的待遇在高價值創造的重要性日益突顯的背景下顯著上升，數字人才平均薪資呈現連年正增長趨勢，經濟活力顯現。全國數字人才平均年薪由 2015 年的 17.57 萬元攀升至 2019 年的 22.27 萬元。2020 年雖然受全球新冠肺炎疫情影響，但全國數字人才平均年薪依然維持在高位，上市公司薪資水平較高。

其實近幾年，中國一直重視數字創新型人才的培養和待遇提高等問題。2018 年，中共中央辦公廳、國務院辦公廳印發了《關於提高技術工人待遇的意見》，其中幾大重要的內容就是：突出「高精尖缺」導向，大力提高高技能領軍人才待遇水平；實施工資激勵計劃，提高技術工人收入水平；構建技能形成與提升體系，支持技術工人憑技能提高待遇；強化評價使用激勵工作，暢通技術工人成長成才通道。

第三節　主要問題

一、自主創新能力不足，關鍵核心技術受制於人

　　近年來，關鍵核心領域「卡脖子」問題日益成為我們國家科技發展和經濟發展中的突出問題。以美國為首的西方國家的對華遏制戰略已經延伸到了數字經濟領域，從中興被美國「封殺」到華為被「斷供」，愈演愈烈。這些事件無不暴露出中國在數字領域基礎研究薄弱，技術積累不夠深厚，關鍵核心技術方面供給不足。工信部在 2019 年的調查研究中發現，在數字經濟領域，中國在高端芯片、嵌入式 CPU、存儲器、量子器件、基礎算法、工業軟件等 300 多項核心關鍵技術上仍然受制於人。以高端芯片為例，中國與國際領先水平存在不小的差距，中芯國際目前工藝生產水平為 14nm，而國際先進企業已經達到 5nm。此外，中國目前幾乎所有高端儀器設備都來自進口，而這些高端儀器製造公司依靠中國的購買，繼續加大研發投入，形成有利於自身創新發展的循環。另一個例子是工業軟件。中國信息行業起步較晚，導致在考慮使用習慣和兼容性等問題的情況下，中國數字行業軟件大量使用國外技術。大型科學儀器設備的開發，使其具有使用上的便捷性、達到並維持

良好的性能狀態，都依賴核心軟件的開發。國產核心軟件的缺失，使得國內數字行業軟硬件大量依靠進口。

中國核心領域缺失的關鍵技術基本具有以下共同特點：一是關鍵技術資本投入大、周期長、風險高。比如做液晶屏幕的京東方，花了十年時間才開始有利潤。芯片行業的投資也不是短期能見效的。二是關鍵技術所在的領域通常專利／技術壁壘高，行業高度壟斷。比如在工業軟件方面，Synopsys、Cadence、Mentor 三家美國巨頭在設計芯片的 EDA 軟件方面佔據了中國 95% 的市場。三是關鍵技術通常需要多學科最前沿的基礎研究作為支撐。以光刻機為例，其製造集合了數學、光學、流體力學、高分子物理與化學等多個基礎學科的頂尖科研成果。這些因素使得攻克關鍵技術是一項複雜的系統性工程，需要政產學研多方參與，難度大，周期長，不可一蹴而就。

自主創新能力缺失的一個重要原因是基礎研究能力薄弱。從研發投入來看，2015 — 2018 年，中國基礎研究投入佔研發總經費的比重僅為 5% 左右，遠低於日本的 11% 以上和美國的 16% 以上的水平（見表 1-3）。而如果看企業的基礎研究，佔比就更低了。雖然企業基礎研究投入佔比在逐漸上升，但是

截至 2018 年，中國企業研發投入中，基礎研究投入佔比仍然只有 0.22%，遠低於日本的 7.81% 和美國的 6.21%（見表 1-4）。基礎研究投入不夠使得中國缺乏原創性的科學思想和理論成果，缺乏具有國際影響力的學科與具有國際引領性的人才，停留在模仿和重複的低水平階段。企業在基礎研究上過低的參與率，也使中國基礎研究成果轉化率過低[1]。

表 1-3　2015—2018 年中國、美國、
日本不同類型研發投入佔比（%）

年份	中國			美國			日本		
	基礎研究	應用研究	試驗發展	基礎研究	應用研究	試驗發展	基礎研究	應用研究	試驗發展
2015	5.05	10.79	84.16	16.87	19.64	63.20	11.91	19.86	63.69
2016	5.25	10.27	84.48	17.16	20.29	62.36	12.57	18.85	64.04
2017	5.54	10.50	83.96	16.66	19.82	63.32	13.11	18.67	63.89
2018	5.54	11.13	83.33	16.59	19.77	63.37	12.57	18.99	64.27

資料來源：OECD 數據庫，可查找到的網絡公開數據僅公佈至 2018 年。

1　杜傳忠．任俊慧．中國製造業關鍵技術缺失成因及創新突破路徑分析 [J]. 經濟研究參考，2020（22）：10-18.

表 1-4　中國、美國、日本企業研發投入中基礎研究投入佔比（％）

年份	日本	美國	中國
2015	6.67	6.12	0.10
2016	7.46	6.58	0.21
2017	8.31	6.21	0.21
2018	7.81	6.21	0.22

資料來源：OECD 數據庫，可查找到的網絡公開數據僅公佈至 2018 年。

2019 年，美國、日本、中國研發總經費分別為 6127 億美元、1726 億美元、5148 億美元，美國企業研發投入規模依舊位居榜首。其中，中國基礎研究、應用研究和試驗發展佔比分別為 6.0%、11.3% 和 82.7%。

二、數字技術創新型人才匱乏

數字技術創新型人才需要具備全面創新能力，包括技術創新、制度創新、產品創新、市場創新、管理創新等，數字化創新人才不僅包括 AI 算法工程師、產品經理、數據分析師、數據科學家、IT 工程師等傳統意義上的技術精英，還包括跨行業、跨平台的複合型人才。

目前中國嚴重缺乏具有複合能力的數字技術創新型人

才。國家工業信息安全發展研究中心發佈的《2020 人工智能與製造業融合發展白皮書》指出，在人工智能領域，需要既掌握人工智能技術又對製造業細分行業有深入理解的複合型人才，而這種人才極其稀缺，估計中國人工智能領域的人才缺口達 30 萬人。國際權威諮詢機構 Gartner 預測，隨着區塊鏈技術的發展，中國區塊鏈人才缺口將達 75 萬人以上。此外，清華經管學院與領英中國聯合發佈的《全球數字人才發展年度報告（2020）》對全球所有領英用戶中近 4000 萬的數字人才做了全面分析，研究發現，中國的數字人才還基本上局限於狹義的 ICT 行業，而歐美發達國家的數字人才卻廣泛滲透入傳統行業中。此外，中國的數字經濟人才技能較為單一，基本局限於數字技能，而歐美發達國家的數字人才同時還兼具豐富的行業技能與商業技能。這些研究都發現，中國嚴重缺乏兼具數字技能與行業技能的複合型人才。

　　數字經濟人才之所以存在巨大的缺口，是因為兩方面的原因：一是數字經濟的快速發展使得對數字創新人才的需求暴漲。二是數字經濟複合型人才培養難以跟上。比如，區塊鏈產業人才研究所發佈的《2020 區塊鏈產業應用與人才培養報告》就指出，區塊鏈人才需要同時具備 IT、通信、密碼學、經濟學、組織行為學等領域的知識，因此人才培養周期長，且目前

高校培養體系難以培養這種複合型人才。

此外，中國高等教育系統在國際上缺乏競爭力，無法吸引高層次人才。與之形成鮮明對比的是，美國高等教育體系高度發達，能夠吸引全球最聰明的學子，事實上中國最優秀的人才也基本上被吸引到美國求學。這使得許多數字經濟人才在受過教育後留在美國創業，比如微軟、Alphabet、Adobe、IBM 等公司的 CEO 都是印度裔。而在中國的互聯網公司中，優秀的外國人才還非常少。

三、產學研深度融合的技術創新體系不健全

數字經濟核心技術創新具有高度複雜性，涉及多個學科，需要大量投入，因此需要以政產學研深度融合的技術創新體系作為支撐。然而，中國的產學研融合機制仍然不健全。杜傳忠、任俊慧[1] 對此問題做了全面而細緻的分析，總結出三大問題。第一個制約重大技術創新的因素是產學研缺乏長期的合作機制。目前產學研的合作基本都是短期合作，而產學研合作中在成果價值、知識產權以及利益分配等方面缺乏健全的機

1　杜傳忠，任俊慧. 中國製造業關鍵技術缺失成因及創新突破路徑分析 [J]. 經濟研究參考，2020（22）：10-18.

制，各方分歧大，合作困難。第二個制約重大技術創新的因素是存在條塊分割的體制性障礙。中國的教育系統、科技系統都具有獨特的目標和評估系統，和產業界缺乏緊密聯繫，相應的科研成果轉化率低，無法直面業界的重大需求。科技、經濟、教育之間缺乏相應的宏觀協調機制，不利於整合全社會資源攻克重大創新。第三個制約重大技術創新的因素是人才之間存在交流障礙。高校、科研院所、業界對人才的不同的管理體系和評估標準，使得人才流動困難。高校科研人員缺乏實踐能力，無法流動到業界，而業界實踐人員無法滿足高校發表論文的要求，流回學界也困難。因此，人才只能在系統內部自循環，導致產學研無法深度融合。

四、知識產權保護體系面臨新挑戰

知識產權保護體系構建，除了存在傳統的困難，比如社會知識產權意識還需加強，相關知識產權法律法規還需健全，相關制度和體制還需完善以外，在數字經濟時代，還面臨新挑戰。

首先，數字技術創新速度快，知識侵權衍生出許多新形式，給知識產權保護體系的完善帶來了挑戰。以網絡版權為例，傳統版權是閉環，作者、傳播者、消費者各自的角色都很

清晰，而網絡環境中的版權則出現了身份模糊的現象，每個人都有可能有多重身份，給版權保護帶來了新困難。此外，商業模式創新是互聯網經濟中的重要創新形式，而中國並不保護商業模式創新，導致其很容易被抄襲和模仿。這也促使人思考知識產權保護應如何適應數字經濟發展的潮流。

其次，國際高科技公司濫用知識產權保護，帶來了新挑戰。數字經濟領域許多先進技術都掌握在國際高科技企業手中，這些企業擁有大量核心專利，從而有可能會濫用知識產權壟斷市場，進行不公平競爭。典型的案例就是高通壟斷案。高通是全球最大的無線通信芯片製造商，所有手機廠商都離不開高通的專利授權。然而，高通卻通過無正當理由搭售非必要專利許可、收取不合理不公平的高價專利許可費等壟斷行為賺取高額利潤。國家發展改革委在 2015 年對高通開出了高達 60.88 億元的罰金。這個案子充分說明，在未來，合理合法地利用《反壟斷法》這一武器對抗國際公司濫用知識產權，將會是新挑戰。

最後，開源創新模式需要加強對左版權（copyleft）的保護。左版權這一概念主要源自開源這一模式，它和傳統的版權並不相同。所謂左版權，是指信息產品的初始開發者保留相關權利，任何人在此基礎上使用或者開發的產品，也必須繼續開

源，向社會免費開放。強調左版權保護，是促使互聯網經濟產生「公地喜劇」，讓全社會成員能夠以更低的價格使用信息產品的重要途徑[1]。左版權是全新的知識產權保護概念，其實際執行帶來了新挑戰。

五、國際形勢嚴峻複雜

日趨嚴峻複雜的國際形勢給中國數字技術創新帶來了挑戰。今天，全球創新鏈高度密集，跨國技術合作成為常態，這使得數字技術創新高度複雜，需要全球合作。然而，當今世界正經歷百年未有之大變局，國際形勢日趨嚴峻和複雜，不穩定性、不確定性顯著增強。自由開放的思想越來越被拋棄，逆全球化主義、單邊主義、保護主義、民粹主義抬頭，嚴重影響着全球格局的穩定。美國視中國為主要競爭對手，拜登政府一方面對中國高科技企業和實體進行制裁，對高科技產業進行供應鏈斷鏈以及禁供（第 166 屆美國國會通過的 366 項涉華法案中一半以上都是這類法案），另一方面加大對科技創新的投入，比如計劃對半導體芯片領域投資 500 億美元。美國國家人工智能安全委員會全票通過的 AI 報告也明確提出要搶佔技術制高

1　于立.互聯網經濟學與競爭政策[M].北京：商務印書館，2020.

點，研發出至少領先中國兩代的先進科學技術[1]。這些都對中國的數字技術創新提出了巨大挑戰。

第四節　政策建議

一、創新為源，提高自主創新能力

提高自主創新能力，首先要依靠科技創新，強化基礎研究。要避免把被「卡脖子」的技術和產品獨立起來看，而應該將其看成一個自主創新能力缺失、基礎研究薄弱的系統性問題。以芯片為例，芯片的開發並不是一個簡單的產品製造問題。研發自主芯片內核，關係到整個科技體系。芯片製造過程中需要用到以數學、光學、流體力學以及高分子物理與化學為代表的數十種尖端科技。如果只把芯片當成一個產品來看，那麼在今後的技術競爭中，可能還會在其他產品上再次被「卡脖子」。只有從基礎研究出發，依靠科技創新，推動科技體系進步，才有可能真正解決「卡脖子」問題。

1　陳文玲. 科技戰可能是拜登政府與中國博弈的主軸[EB/OL]. (2021-05-25) [2021-08-19].https://baijiahao.baidu.com/s?id=1700715839038862049&wfr=spider&for=pc.

提高自主創新能力，還需要加大對自主創新企業的支持力度。首先可以使用政府採購作為重要手段。事實上，美國許多高科技技術的發展，都高度依賴政府採購的支持。其次，給自主創新技術開發提供相應的稅收優惠和金融支持，做好相應的配套服務。最後，加速自主創新技術的科技成果轉化，實現資金和技術之間的良性循環。

二、人才為本，培養高水平數字創新型人才

第一，加強關鍵學科建設。一方面，繼續加強數學、物理、化學、生物等基礎性學科的建設；另一方面，以國家戰略需求為導向，瞄準科技前沿和關鍵領域，加強數字經濟領域急需學科建設和人才培養。將高端芯片、操作系統、人工智能關鍵算法、傳感器等關鍵領域的相關學科納入國家重點支持學科名單，在人財物方面給予足夠的支持，在管理體制上進行創新。數字經濟需要跨行業、跨學科的複合型人才，因此進行學科建設時還要注意以數字經濟市場需求為導向，建設交叉學科，培養戰略科技人才、行業領軍人才。

第二，改革科研體制，充分調動科研人員的積極性。在科研項目的申請上，選人要以能力為第一評判標準，不要看頭銜，杜絕資源過度集中在少數學閥的手中，給青年科研工作者

以足夠多的機會。在項目管理上，進一步給予科研人員充分的自主權，在科研人員使用經費時，給予更大的靈活性。科研活動帶有巨大的不確定性，事前花費很難準確計劃好，因此需要隨時調整。可以考慮推廣現在自然科學基金委員會在「傑青」項目試點的包乾制。為防止科研經費被濫用，可以加強事後審計，避免對經費具體使用方式管得過嚴。

第三，加大對高端人才的投入和激勵。人才是實現創新驅動發展的首要資源，人才投入是效益最大的投入。要切實優化財政人才保障投入，通過稅收、貼息等優惠政策，建立重點產業人才需求申報、監測和信息發佈制度，鼓勵高端技術人才創新創業，建立多層次、多元化的專業技術人才投入體系，全面優化數字經濟人才保障機制，激發創新創造活力。

第四，大力引進頂尖、高端人才團隊，加強創新人才培養方面的國內區域合作和國際合作。健全和完善推進高層次人才流動機制，推動創新型人才可持續流動，對符合認定的國內外智力引進項目給予適當的財政支持，注重國內、國際和區域合作，充分利用國家間的先進技術交流與合作，推動中國創新型人才的培養和國際轉移、引進，培養出符合數字時代需求的高素質、具有廣闊視野的人才。對於國外高端人才，可以加大柔性引進力度。

三、體系支撐，建立產學研深度融合的數字創新體系

要解決「卡脖子」問題，亟須完善科技創新體制機制，建立產學研深度融合的科技創新體系。解決「卡脖子」問題，不是某個政府部門、某所高校、某個研究機構和企業能夠單獨完成的，它是一個系統性的工程，需要產學研全面深入融合發展，形成「多元、融合、動態、持續」的協同創新模式與機制。政府需要對基礎性學科、基礎性研究給予長期且大力度的支持。在基礎共性技術和關鍵共性技術方面，政府可以以重大項目為紐帶，鼓勵產學研融合突破。要建立合理的利益分配機制，充分給予參與各方足夠的激勵。此外，政府還應該為創新提供資金與資源的配套措施，做好服務工作。對高校而言，一方面要加大對基礎性科學研究的支持力度，另一方面要改革在應用研究方面的評價體制，引導科研儘可能面向市場需求，改變以論文、專利和課題經費為導向的考核機制，注重成果轉化率。最為關鍵的是，創新要以企業為主體、以市場為導向，充分發揮和尊重企業的創新主觀能動性。企業需要保持危機意識，依據自身優勢，加強對可能被「卡脖子」的技術的研發，更多地尋求與高校和研究機構合作。

四、法律保障，完善知識產權保護體制

中國數字經濟處於初步發展時期，需要注重數字知識產權保護，建立完善的法律法規保障機制，助力數字經濟持續健康發展。近年來，隨着數字技術創新的不斷發展，軟件、集成電路、生物工程等領域的數字技術創新陸續被納入知識產權保護範圍。在世界技術變革頻率高、技術進步速度快的背景下，知識產權保護範圍將進一步擴大，中國也需要順應時代潮流，擴大知識產權保護範圍。

此外，既要加強知識產權保護激勵創新，也要使用《反壟斷法》等法律防止對知識產權保護的濫用。隨着數字經濟的深入發展，在關鍵領域，會有越來越多的跨國公司以知識產權為武器，限制企業進行創新。在這中間，很有可能涉嫌對知識產權的濫用，違反《反壟斷法》。對此，需要依法規制濫用知識產權、在知識產權領域壟斷和限制競爭的行為，維護知識產權市場的公平競爭環境。這種反壟斷需要對法學、經濟學、行業知識具有深刻的理解，因此未來需要培養更多擁有跨學科背景的複合型人才。

最後，在構建開源創新的體系中，要注重對左版權的保護，更多地促進「公地喜劇」的產生。這些新概念、新形式的

出現，都對執法人員提出了更高的要求。執法人員要不斷更新自身知識，加強多學科多部門的交流，保證高效準確執法。

五、合作共贏，深化開放合作

在產業鏈高度融合、技術複雜性和研發強度大幅提升、數據要素的重構融合重塑經濟發展格局的背景下，在日益複雜的國際形勢下，開放合作是全球技術創新的必然趨勢。數字經濟對促進各國經濟復甦、深化國際合作、促進互聯互通、加強國際交流、深化全球數字經濟務實合作至關重要，大力促進數字經濟發展是中國切實提高自主創新能力的必然要求。

科技革命是經濟全球化的根本動力，後疫情時代更加需要依靠科技創新推動國際合作。數字技術已成為關係到各國能否搶佔新產業革命制高點的決定性因素，數字技術帶來的機遇屬於世界各國，因此要抓住這一機遇，堅持創新驅動，探索融合發展路徑，深化對外開放，提升數字技術創新能力，互利互惠，實現合作共贏。積極擴大數字技術領域開放，穩步推進海外併購、技術型對外投資，積極建立雙邊、多邊和區域等多層次技術合作機制，從而提升技術創新能力。

第二章

數字產業化：數字經濟的先導

　　數字產業是數字經濟的基礎部分，主要指信息通信產業，具體包括電子信息製造業、電信業、軟件和信息技術服務業、互聯網和相關服務業等。數字產業化是數字經濟的先導，是數字經濟發展的根基和動力源泉。本章詳細梳理數字產業化的發展現狀、發展態勢、發展中面臨的問題，最後提出相應的政策建議。

第一節　發展現狀

　　數字產業化的核心產業由數字產品製造業、數字產品服務業、數字技術應用業、數字要素驅動業四大類組成，也就是為產業數字化發展提供數字技術、產品、服務、基礎設施和解決方案，以及完全依賴數字技術、數據要素的各類經濟活動，對應於國家統計局發佈的《數字經濟及其核心產業統計分類（2021）》中的 26 個大類、68 個中類、126 個小類，是數

字經濟發展的基礎[1]。當前，中國數字產業總體穩健增長，規模逐年上升，數字產業化各行業穩步發展，數字產業內部結構不斷優化，基礎更加堅實。據中國信通院測算，2020 年數字產業佔數字經濟的比重為 19.1%。隨着以數據驅動為特徵的數字化、網絡化、智能化深入推進，需要順應數字技術和信息技術快速迭代的趨勢，儘早補齊短板，利用數字產業化發展壯大新一代信息技術，實現數字經濟高質量發展。

一、數字產業總體穩健增長

數字產業是當前和今後一個時期各地區產業競爭和經濟角逐的主戰場。從規模上看，中國數字產業總體實現穩步增長。如圖 2-1 所示，根據中國信通院發佈的數據，2014—2020 年中國數字經濟規模逐年上升，數字產業化規模波動增長。2019 年中國數字經濟規模達 35.8 萬億元，數字產業化規模約為 7.1 萬億元，同比增長 10.54%，佔 GDP 的比重為 7.2%；《中國互聯網發展報告 2021》顯示，2020 年中國數字經濟規模達到 39.2 萬億元，佔 GDP 的比重達 38.6%，保持了 9.7% 的較高

1　國家統計局.數字經濟及其核心產業統計分類（2021）[EB/OL].（2021-06-03）[2021-08-19].http://www.stats.gov.cn/tjgz/tzgb/202106/t20210603_1818129.html.

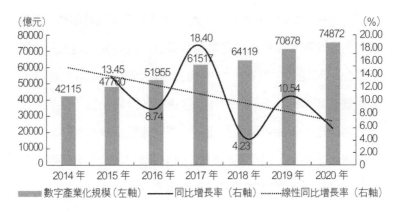

圖 2-1 2014—2020 年中國數字產業化規模情況

資料來源：中國信通院. 中國數字經濟發展白皮書（2020 年）[R/OL].（2020-07-03）[2021-04-19].http://www.caict.ac.cn/kxyj/qwfb/bps/202007/P020200703318256637020.pdf.

增長速度，增速位於全球第一；中國數字產業化規模約為 7.5 萬億元；從佔比來看，數字產業化佔數字經濟的比重由 2005 年的 50.9% 下降至 2020 年的 19.1%，但這主要歸因於產業數字化的快速增長，並不妨礙數字產業在整體規模上的穩健增長。

二、數字產業各行業穩步發展

數字產業主要指信息通信產業，具體包括電子信息製造業、電信業、軟件和信息技術服務業、互聯網和相關服務業等。從結構上看，數字產業結構持續軟化。軟件產業和互聯網產業佔比逐年上升，而電信業和電子信息製造業佔比逐漸下降。

產業結構不斷軟化表明中國數字產業內部結構正在持續優化。

（一）電子信息製造業

中國電子信息製造業結構不斷優化，保持了快速增長態勢。電子信息製造業主要細分行業有通信設備製造業、電子元件及電子專用材料製造業、電子器件製造業和計算機製造業。

根據工信部發佈的數據，2019 年規模以上電子信息製造業增加值同比增長 9.3%，增速較上年回落 3.8 個百分點；規模以上電子信息製造業營業收入同比增長 4.5%；利潤總額同比增長 3.1%，營業收入利潤率為 4.41%。2020 年，規模以上電子信息製造業增加值同比增長 7.7%，增速較上年回落 1.6 個百分點；規模以上電子信息製造業實現營業收入同比增長 8.3%，增速同比提高 3.8 個百分點；利潤總額同比增長 17.2%，增速同比提高 14.1 個百分點；營業收入利潤率為 4.89%，營業成本同比增長 8.1%。

根據國家統計局數據，2020 年，通信設備製造業營業收入同比增長 4.7%，利潤同比增長 1.0%；電子元件及電子專用材料製造業營業收入同比增長 11.3%，利潤同比增長 5.9%；電子器件製造業營業收入同比增長 8.9%，利潤同比增長 63.5%；計算機製造業營業收入同比增長 10.1%，利潤同比增長 22.0%。

（二）電信業

2020 年，中國電信業發展穩中向好，累計收入 1.36 萬億元，同比增長 3.6%，有利於加快構建 5G 等新型信息基礎設施，加快創新行業融合發展，加速打造新增長引擎。2020 年年底中國的 5G 套餐滲透率已超過 20%，發展速度遠超預期。

（三）軟件和信息技術服務業

中國軟件和信息技術服務已頗具規模，處於快速發展階段。隨着軟件與網絡深度耦合，軟件和信息技術服務業發展不斷深化，加快向融合化、網絡化、服務化、平台化和體系化演進。2015 年以來，中國軟件和信息技術服務業規模以上企業數量穩定在 40000 家左右。2020 年，中國軟件和信息技術服務業企業數量已達到 40886 家，在疫情的負面影響中持續恢復，整體平穩發展，收入保持較快增長。2021 年前 5 個月，中國實現軟件業務收入 33893 億元，同比增長 22.6%。2019 年中國實現軟件業務收入約 7.2 萬億元，同比增長 16.4%；2020 年實現軟件業務收入約 8.16 萬億元，同比增長 13.3%。軟件業的賦能作用日益突顯，進入快速發展階段。2020 年年末，軟件和信息技術服務業從業人員 704.7 萬人，比上年末增加了 21 萬人，同比增長 3.1%；從業人員工資總額 9941 億元，同比增長 6.7%。在結構上，軟件和信息技術服務業主要分為軟件產品、

信息技術服務、信息安全產品、嵌入式系統軟件四類。圖 2-2
展示了中國軟件業務收入的增長情況。

其中，2020 年軟件產品收入約 2.28 萬億元；信息技術服
務收入約 4.99 萬億元，同比增長 15.2%，全國光纖用戶滲透率
穩居全球第一；信息安全產品和服務收入 1498 億元；嵌入式
系統軟件收入 7492 億元。

（四）互聯網和相關服務業

工信部數據顯示，2020 年中國互聯網和相關服務業發展
態勢平穩，利潤保持兩位數增長，業務收入和研發費用增速

圖 2-2　2013—2020 年軟件業務收入增長情況

資料來源：工信部 .2020 年軟件和信息技術服務業統計公報 [EB/OL]. （2021-01-26）
[2021-08-19]. http://www.miit.gov.cn/gxsj/tifx/riy/art/2021/art_f6e61bqffc494c0qqea8qfaec
b47acb47acd2.html.

有所回落。中國規模以上互聯網和相關服務業企業完成業務收入 12838 億元，同比增長 12.5%，整體低於上年。分行業來看，信息服務收入增速穩中回落，收入 7068 億元，同比增長 11.5%，低於上年同期 11.2 個百分點，佔 55.1%；互聯網平台服務收入增長平穩，收入 4289 億元，同比增長 14.8%，低於上年同期 10.1 個百分點，佔 33.4%；互聯網接入服務收入增速回落，互聯網接入服務收入 447.5 億元，同比增長 11.5%，低於上年同期 20.8 個百分點；互聯網數據服務收入 199.8 億元，同比增長 29.5%，較上年同期提高 3.9 個百分點。分地區來看，東部地區互聯網業務收入增幅回落明顯，西部地區 2019 年之前增速持續上升，2020 年受疫情影響有所回落；東部地區互聯網業務收入 11227 億元，同比增長 14.8%，較上年同期回落 9 個百分點，佔 91.9%，西部地區互聯網業務收入 497.2 億元，同比增長 6.9%，較上年同期回落 15.2 個百分點。

三、數字化新型基礎設施建設逐步推進

目前，智能基礎設施建設的規模還比較小，體系化程度也不高。然而，隨着國家對新型基礎設施建設的日益重視，基礎設施對新一代數字技術的需求快速增加，基礎設施建設的投資結構也發生着明顯改變。郭凱明等選取了製造業和服務業中

與新型基礎設施投資密切相關的四個細分行業的投資數據測算了新型基礎設施投資的規模，發現傳統基礎設施投資的增速從前幾年的 15% 降低到不到 5%，而計算機、通信和其他電子設備等行業的投資則始終保持兩位數增長，信息傳輸、軟件和信息技術服務業的投資增速也超過傳統基礎設施[1]。在交通方面，《「十三五」現代綜合交通運輸體系發展規劃》提出要實現智能技術的廣泛應用，並且要求在各種交通方式的信息交換方面取得突破。在城市質量方面，各個城市都在探索創建「智慧城市」。

四、平台經濟快速發展

　　平台經濟是數字經濟時代下互聯網產業的新業態、新模式。平台集聚了各種資源要素，是新經濟產業發展的核心樞紐，發展平台經濟有利於培育經濟發展新動能。

　　平台經濟實現了跨越式發展。平台經濟以平台為交易核心，依託實體交易場所或虛擬交易空間，以促成雙方或多方進行交易或信息交換為目的，吸引產業鏈上下游相關主體加入，

1　郭凱明，潘珊，顏色. 新型基礎設施投資與產業結構轉型升級 [J]. 中國工業經濟，2020（3）：63-80.

形成所有參與成員互相聯結的多邊生態價值網絡。中國平台經濟自 20 世紀末孕育起步，20 多年來，網民優勢、市場優勢、後發優勢以及政策支持優勢聚合發力，共同推動中國平台經濟轉型實現了跨越發展。一方面，國內早期的新興平台企業迅速成長為行業巨頭。阿里巴巴、騰訊、新浪等新興平台企業，在電子商務、即時通信、網絡媒體等少數先發領域率先興起。另一方面，平台經濟不斷拓展行業滲透邊界。付費內容、在線直播等新興領域平台企業不斷崛起，交通出行、在線旅遊、教育、醫療、餐飲等傳統服務業領域獨角獸平台企業紛紛湧現。

平台對經濟發展貢獻巨大。與傳統經濟不同，平台經濟依賴用戶的高度參與，存在雙邊網絡外部性，更易實現供求雙方信息的精確匹配。近年來，大數據、人工智能、雲計算等新技術的廣泛應用，使得不同產業通過平台實現跨界融合的現象愈加顯著，以互聯網平台為代表的新模式、新業態對中國就業增長及經濟高效發展貢獻巨大。一是平台能夠精準對接供需雙方，有助於提振消費需求。大部分平台的業務是滿足消費者衣食住行等基本需求。通過大數據與人工智能等技術，平台可以實現產品及服務供需的精準對接，高效配置各類生活資料。平台上各類參與者構成大規模網絡化、生態化體系，有助於支持社會經濟發展，以互聯網平台為代表的新模式、新業態在此次

疫情防控期間表現出了極強的韌性和相當大的發展潛力。二是平台就業門檻較低、進出自由，已成為吸納大量社會就業的重要載體。過去幾年中，平台經濟帶動下出現的新就業形態創造了大量就業崗位，增加了勞動者收入並提升了就業質量。例如，網約車平台滴滴出行不僅為司機、代駕兩種職業帶來了1194.3萬個就業機會，還間接帶動了631.7萬個汽車生產、銷售及維修保養等就業機會。本地生活服務平台美團點評，創造了線上服務產品交易型就業機會1277萬個，商戶展示關聯就業機會407.4萬個，形成了豐富的就業生態。三是平台經濟帶動產業升級，有利於提升服務經濟效率、提升公共治理能力。平台經濟通過縮短中間環節降低交易成本和不確定性，能夠減少傳統經濟生產和交易過程中的高摩擦和高耗散，從而大幅提升經濟效率。平台數據的匯集與分析有利於解決不確定情形下公共治理的決策難題，讓政府管理更能做出適應性而非「一刀切」的決策方案。

第二節　發展態勢

「十四五」期間，中國數字產業化總體規模將繼續穩步增長，向「技術＋平台＋應用」的數字化生態發展。習近平總

書記強調：「要發展數字經濟，加快推動數字產業化，依靠信息技術創新驅動，不斷催生新產業新業態新模式，用新動能推動新發展。」目前中國已由高速經濟增長向高質量經濟發展轉變，數字產業化是數字經濟飛速發展的助推器，是經濟社會高質量發展的新引擎。隨着以信息技術和數據為關鍵要素的數字經濟蓬勃發展，以電子信息製造、電信、軟件和信息技術服務、互聯網、物聯網、大數據、人工智能、5G 等為代表的數字產業將進入高速發展時期。

可以預料，隨着「互聯網＋」更廣泛地深入人們的工作生活，更多的社會運行規則、經濟活動規律、生活方式將發生改變，數字產業化發展空間巨大、發展前景可期。創新發展新零售、新電商、新物流等商業模式，加速數字產業化，推進智能製造、信息技術服務、智慧農業、電商平台等建設，是產業數字化轉型進程的基礎。

一、數據要素正重塑商業模式

隨着數字經濟飛速發展，數據要素已經成為促進 602601

1　習近平出席全國網絡安全和信息化工作會議並發表重要講話 [EB/OL]（2018-04-21）[2019-03-25].www.gov.cn/xinwen/2018-04/21/content_5284783.htm.

中國經濟社會發展的重要生產要素，數據使用的進一步深化
將帶來新的產業整合和商業創新模式。首先，圍繞數據要素
方面的數據採集、數據存儲、數據加工、數據流通等環節，
將培育起巨大的數據要素市場。事實上，在「十三五」期間，
中國數據要素市場已經獲得迅速發展。據國家工業信息安全
發展研究中心測算，2020 年中國數據要素市場規模已經達到
545 億元。此外，國家對於培育數據要素市場進一步重視。中
共中央、國務院在 2020 年發佈的《關於構建更加完善的要素
市場化配置體制機制的意見》中，明確把數據和勞動、資本、
土地等生產要素相提並論，提出要加快培育數據要素市場。此
後，各地方政府也相應出台了相應的政策和法規，進一步推動
數據要素市場的建設。可以預見，在未來一段時期內，圍繞數
據要素，將會建立起規模更大、價值更高、規則更規範的大市
場。其次，在數字時代，數據和勞動、資本、土地等要素將進
一步深度融合，重構生產組織方式，釋放生產力，催生出新業
態、新產業和新模式。舉例來說，當數據要素和金融相結合
時，就改變了傳統金融無法解決的信息不對稱問題，催生出金
融科技這種全新的商業形態。電商平台將數據作為生產要素反
饋給製造商，使製造商能夠更精準地了解消費者需求，從而在
產品設計、生產和銷售環節進行大規模的個性化定製，催生出

C2M 這種全新的商業模式。

二、信息基礎設施建設正走向全球領先

當前，中國信息基礎設施建設規模全球領先。中國已建成全球規模最大的光纖網，移動互聯網日益普及，第五代移動通信（5G）商用規模不斷擴大，工信部正式發放 5G 牌照，標誌着中國正式進入 5G 時代。截至 2020 年年底，中國固定寬帶家庭普及率為 96%，移動寬帶用戶普及率為 108%，新增約 58 萬個 5G 基站，已建成 5G 基站 71.8 萬個，建成共享 5G 基站 33 萬個，5G 終端連接數超過 2 億個，5G 套餐滲透率已超 20%，5G 建設規模和速度位居全球第一。2021 年，工信部、中央網信辦兩部門聯合印發《IPv6 流量提升三年專項行動計劃（2021—2023 年）》，要求：到 2021 年年底，移動網絡 IPv6 流量佔比超過 20%，固定網絡 IPv6 流量規模較 2020 年年底提升 20% 以上；到 2023 年年底，移動網絡 IPv6 流量佔比超過 50%，固定網絡 IPv6 流量規模達到 2020 年年底的 3 倍以上。

國家高度重視新型基礎設施的建設。2018 年中央經濟工作會議把 5G、人工智能、工業互聯網、物聯網定義為「新型基礎設施」；2019 年《政府工作報告》強調要加強新一代信息

基礎設施建設；2020 年國務院常務會議提出要大力發展先進製造業，出台信息網絡等新型基礎設施投資支持政策，推進智能、綠色製造，工信部召開加快 5G 發展專題會，強調要加快新型基礎設施建設，國家發展改革委提出「以新發展理念為前提、以技術創新為驅動、以信息網絡為基礎，面向高質量發展的需要，打造產業的升級、融合、創新的基礎設施體系」的目標。地方政府也出台了新型基礎設施建設基金規劃，各大科技公司踴躍參與其中。新型基礎設施建設提速將提升工業互聯網平台的核心能力，助力工業互聯網加快發展，為數字產業發展按下快進鍵。新型基礎設施建設的穩步推進，將對各領域、各行業進行數字技術賦能，優化資源配置，連接上下游製造業企業數據，實現全要素、全產業鏈、全價值鏈的深度互聯，代表了經濟轉型發展的「新風向」。

新型基礎設施建設提速，在中短期將創造大量投資機會，提升發展動能，提升抵抗不確定風險的能力，有助於智能經濟、智慧城市加速落地，有助於智能社會加速發展；在長期將為數字經濟持續發展提供有力支撐，為經濟轉型升級注入「數字動力」，推動構建以國內大循環為主體、國內國際雙循環相互促進的新發展格局，實現開放共贏。

三、數字平台企業佈局工業互聯網

中共十九大報告明確指出要「加快建設製造強國，加快發展先進製造業，推動互聯網、大數據、人工智能和實體經濟深度融合」[1]。隨着互聯網技術的快速發展和中國對製造業重視程度的提高，基於工業互聯網的新模式新業態不斷湧現，製造業與互聯網的深度融合是中國新型工業化的必由之路，本質是提升製造業的水平和層次，為經濟發展催生新動能。推動製造業與互聯網深度融合，推進「中國製造 2025」，加快「中國製造」提質增效，深化供給側結構性改革，發展新興經濟的主線是激發製造業的創新活力、發展潛力和轉型動力。製造業與互聯網深度融合、數字經濟與產業深度融合是未來中國經濟發展的大趨勢。

當前，各大互聯網公司紛紛轉戰工業互聯網。一方面，消費端互聯網紅利瓶頸日益突顯，截至 2020 年 3 月，中國網民數量達 9.04 億人，網民周平均上網時間達 30.8 小時，消費端互聯網難以再見新的增長點。另一方面，企業端互聯網潛

---

1 習近平. 決勝全面建成小康社會 奪取新時代中國特色社會主義偉大勝利：在中國共產黨第十九次全國代表大會上的報告 [EB/OL]. （2017-10-27）[2021-08-19] .jhsjk.people.cn/article/29613458.

力日顯。截至 2020 年 7 月，全國企業數量達 4110.9 萬戶，且大多數企業主體還未接入工業互聯網。在技術方面，移動互聯網帶來海量數據，隨之發展起來的人工智能、區塊鏈、雲計算、大數據技術威力日顯，給建立工業互聯網提供了成熟的技術支持。如果說互聯網的上半場是消費互聯網，那麼互聯網的下半場就是工業互聯網，是互聯網與製造業的深度融合。

四、新模式新業態活力不斷釋放

數字產業化的發展激發了數字經濟活力，新模式新業態不斷湧現，活力不斷釋放。數字技術疊加構建了線上線下融合的全新業態，人工智能、5G、雲計算、大數據、區塊鏈、網絡安全等新興數字產業競相發展，直播、短視頻大火，VR/AR、自動駕駛方興未艾，在線教育、醫療、辦公爆發式增長。數據顯示，2020 年上半年國內電商直播超過 1000 萬場，觀看人次超過 500 億，成為增長最快的應用之一。截至 2020 年 6 月，中國在線政務服務用戶規模達 7.73 億，遠程辦公用戶規模達 1.99 億，在線教育用戶規模達 3.81 億。「雲問診」「雲課堂」「雲會展」「雲旅遊」等新形態產業不斷湧現。

作為數字經濟最成功的商業模式，平台經濟的發展也更趨多元化。互聯網向實體產業的滲透，使得平台的產業領域更趨向於多元化，如眾包、共享等諸多基於互聯網平台的新興產業領域。眾多互聯網公司開放數字化技術，使其與實體產業結合，「產業互聯網＋產業龍頭」的模式正在構建越來越多成功的平台，如騰訊與貝殼找房平台合作，藉助 VR 看房等新技術、新模式顯著增加了平台的業務量，極大地改變了傳統房地產中介行業。平台進入的產業領域日益豐富，其對產業及產業組織變革帶來的影響越來越大，正逐步發展為一種經濟形態。此次新冠肺炎疫情促使一些行業加速將線下業務向線上轉移，提高了數字化程度和數字化能力，在線辦公、在線教育、5G 等數字經濟新模式新業態蓬勃發展；傳統產業則加速數字化轉型，主動積蓄新動能、孕育新機遇。

五、數字創意引領數字化新趨勢

數字創意產業是以文化創意產業為核心，以數字技術為主要工具，以創意和產業化的方式進行創作、生產、傳播與服務的新型產業，代表着新一輪科技革命的發展趨勢，是中國「十三五」規劃確定的戰略性新興產業之一。目前，數字創意產業的應用主要體現在會展、虛擬現實、增強現實、產品可

視化等領域。數字技術催生的新文化創意產業，已經遠遠超越了傳統文化產業，可穿戴設備、交互娛樂引擎等新產品不斷湧現，數字創意產業不斷發展壯大。隨着經濟發展水平的提高，人民的需求不會局限在物質消費，將更多地轉向精神消費。因此，數字創意產業未來大有發展前途。發展數字創意產業需要建設數字創意研究中心、培養技術型數字創意人才、積極參與國際數字創意合作。

第三節　制約因素

一、持續創新驅動力不足

一是創新體系還不健全。政產學研缺乏深度融合，合作後的成果分配和利益共享機制不健全，削弱了各主體的參與動力；條塊分割的制度制約了人才的自由流動；高校不合理的考核制度也使得科研不能面向市場上的重大需求。二是自主創新政策落實還不到位。中國出台了多項促進自主創新的政策，鼓勵企業加強自主創新、提升競爭力。然而，一方面，當前重政策制定、輕推動落實的現象依舊存在；另一方面，由於缺少配套的效果評估措施，部分政策在部分地域可操作性不強，或政

策宣傳服務不到位，使得自主創新政策不能及時落地。三是企業決策者缺乏長遠發展的目光，創新意識不強。大多數創新需要較長的周期，需要在長期積累中循序漸進摸索成功之路，技術創新更是一項艱苦且無經驗可循的系統工程。但是，中國資本市場急功近利現象嚴重，部分企業決策者只注重短期收益，將經濟效益政績化，不能很好地處理眼前利益與長遠發展的關係，缺乏較強的創新意識。四是壟斷阻礙創新。目前中國數字產業中，不少領域市場結構高度集中，導致大型數字平台以追逐資本取代研發創新。比如，大量平台資本並沒有被用於攻克關鍵技術創新，而是湧入「社區團購」這種低技術含量的領域。五是相關知識產權體系仍需完善。中國知識產權保護等法律體系不夠健全，對新商業模式缺乏保護，弱化了創新積極性。

二、信息基礎設施建設不平衡不充分問題仍然存在

中國信息基礎設施建設儘管取得了相當大的成績，但是仍然存在不平衡不充分的問題。一是地區差異仍然存在。目前信息基礎設施在經濟發達的東部和南部很完善，但是在中西部和東北地區仍然比較落後。本次疫情實施的停課不停學政策充分暴露了中國中小城鎮、偏遠貧困地區信息基礎設施不

完善。二是服務質量和服務價格與電信發達國家仍有一定差距。據 M-Lab 統計，中國寬帶下載速度在全球排名第 141 位；而據國際電信聯盟在 2017 年的統計，中國寬帶套餐價格佔居民收入的比重在全球排名第 72 位。三是海底與空間信息基礎設施能力與發達國家差距較大。美國互聯網巨頭紛紛佈局新一代信息基礎設施。在海底光纜方面，微軟和臉書聯合在 2017 年完成了跨大西洋海底電纜的佈設，長度達到 6600 公里，傳輸速度高達 160Tbps。在衛星通信方面，美國 SpaceX 於 2015 年啟動星鏈計劃，計劃在 10 年內建成一個由 1.2 萬顆衛星組成的星鏈網絡。截至 2020 年 4 月，星鏈計劃已經完成發射 420 顆低軌衛星，並正式啟動衛星互聯網公測。仕國際海底光纜建設運營方面，中國僅有三大電信運營商具備相關資質，國內互聯網企業基本缺席。到目前為止，只在上海、汕頭和青島建了 5 個海底電纜登陸點。

三、產業互聯網發展較為滯後

在供給側改革的大背景下，產業互聯網應是進行產業改革、進一步調整供給側結構的重要載體。近兩年來，國內互聯網公司巨頭、製造企業、軟件服務商、工業設備提供商多方位佈局產業互聯網。按照騰訊創始人馬化騰的說法，「移動互聯

網的上半場已經接近尾聲，下半場的序幕正在拉開。伴隨數字化進程，移動互聯網的主戰場，正在從上半場的消費互聯網向下半場的產業互聯網方向發展」。

第一，產業互聯網起步較晚，傳統互聯網巨頭轉型效果不佳。與美國相比，中國產業互聯網起步較晚。早在 2000 年左右的互聯網泡沫期間，微軟、通用電氣等科技企業就佔據了 top10 榜前 7 席，探索了互聯網在產業中的初步運用。2000 年，通用汽車、福特、戴姆勒 - 克萊斯勒聯合成立了 Covisint 公司，這是汽車產業鏈的第一家產業互聯網公司，同年，BAE Systems、波音公司、Lockheed、雷神籌建了 Exostar 公司，而中國類似的產業互聯網平台航天雲網直到 2016 年才成立。從 2020 年全球市值排名前十的上市公司來看，有 7 家都是科技公司，全都涉及產業互聯網業務，比如微軟 Azure、谷歌雲、阿里 B2B 等，但對比其他 5 家公司，阿里 B2B 與騰訊 ToB 業務開展較晚（2018 年），且營業收入及其增速都低於亞馬遜雲服務、微軟 Azure 和谷歌雲。

第二，中國專業化產業互聯網公司體量與美國公司相比差距巨大。如表 2-1 所示，產業互聯網各領域的中美龍頭公司市值體量差距巨大，尤其是在雲服務與辦公軟件領域。

表 2-1 中美產業互聯網代表公司市值體量差異巨大

領域	美國公司市值 （億美元）	中國公司市值 （億美元）	市值比較倍數
雲服務	2314（Salesforce）	107（金蝶）	21.6
辦公軟件	21700（微軟）	259（金山）	83.8
企業軟件	1730（SAP）	208（用友）	8.3

資料來源：筆者根據百股經數據整理。市值以 2021 年 8 月 9 日收盤價為准，匯率以 2021 年 8 月 9 日中國銀行匯率為准。

第三，應用場景分佈不平衡。從應用端看，國內外產業互聯網應用場景分佈差異較大。艾瑞研究院《2018 年中國工業互聯網平台研究報告》的數據顯示，國外產業互聯網設備管理服務應用佔比為 49%，遠高於國內的 27%，這反映出國外數字產業化水平較高，工業數據分析能力較強，應用佔比較大；而國內在資源配置協同方面的應用佔比為 21%，遠高於國外，其中金融服務佔比 7%，高於國外的 2%，突顯出中國利用產業互聯網平台解決貸款難等問題的創新性應用較多。

產業互聯網發展滯後的原因有三。第一，中國產業數字化水平遠遠落後於國外。產業互聯網的發展主要受制於互聯網發展水平與產業數字化水平，中國主要在產業數字化方面與美

國差距較大。以製造業為例，中國製造業發達，數字化發展意願較強，但數字化工廠所佔比例僅為歐美的一半。第二，產業鏈中數據規制不完善。一是缺乏統一權威的數據標準。企業生產的數據，由於屬於不同的工業種類，應用於不同的場景，因此格式差異大，不統一標準則難以轉化為有用資源，而且中國在工業領域標準的研製和推廣方面仍處於起步階段，市場接受度也有待提高。二是數據安全有待保障。工業數據的安全要求遠高於消費數據，工業數據通常是企業的核心競爭力，其在採集、存儲和應用過程中一旦泄露，就會給企業和企業用戶造成巨大危害。若相關法律法規不到位，不能給竊取數據者以有威脅的懲罰，數據安全就得不到保障，產業鏈數字化就存在很大問題。三是數據共享和開放程度有待提高。產業鏈上下游企業信息、政府監管信息、公民基礎信息等，必須有更高的開放度，才能進行有效整合，才能產生應用價值。第三，相關企業缺乏產業互聯網思維。中國企業普遍缺乏對產業互聯網的深層次認識，仍然以快速消費品、流量制勝等老觀念來衡量該領域也是產業互聯網發展滯後的原因。產業互聯網的核心不再是流量，而是提質增效，產業鏈中各個經濟主體需要協調合作，用「共創、共贏、共享」的理念取代消費

互聯網贏者通吃的理念。

四、平台經濟發展有待規範

平台規則不規範，需要區分兩種情況：一種是傳統經濟中不規範的老問題，這類問題往往不是由平台直接引起，但是卻在數字平台時代被進一步放大，從而產生了更嚴重的影響；另一種是平台經濟帶來的新的不規範問題。由於兩類問題產生的根本原因不同，因此需要分別進行分析。

傳統經濟中不規範的老問題包括侵權假冒、虛假宣傳、虛假促銷、傳播違法信息、虛假廣告等一系列問題。這些問題雖然在數字平台的作用下被放大，但並不是由平台直接引起的。表 2-2 列舉了網絡交易類平台上部分傳統經濟中不規範的老問題。

平台經濟帶來新的不規範的問題包括如下幾個方面：其一，平台企業與平台建立的市場中參與主體之間的衝突問題；其二，平台壟斷與濫用市場支配地位問題；其三，平台數據使用與消費者隱私保護以及國家數據安全問題；其四，平台進入金融領域不規範、資本無序擴張的問題；其五，平台企業責任邊界如何界定的問題。表 2-3 列舉了部分平台的壟斷行為。

表 2-2　網絡交易類平台主要問題監測情況

問題歸類	數據來源	數據指標	2015 年	2016 年	2017 年
總體情況	國家市場監督管理總局	網絡交易違法案件查處數（件）	—	10638	22000
		網絡購物投訴量（件）	14.6 萬	24.1 萬	68.57 萬
侵權假冒	國家知識產權局	電子商務領域專利執法辦案量（件）	7644	13123	19835
	中國消費者協會	網絡購物假貨投訴量（件）	245	1314	1264
		網絡購物中假貨投訴量佔總投訴量的比例	1.28%	6.05%	4.35%
	國家市場監督管理總局	電子商務產品不合格檢出率	26.92%	27.30%	25%
虛假宣傳	中國消費者協會	網絡購物虛假宣傳投訴量（件）	1344	2214	3546
		網絡購物中虛假宣傳投訴量佔總投訴量的比例	7.01%	10.20%	12.20%
	信用中國	「雙 11」期間使用廣告禁用語內容的商品比例	—	42.19%	26.02%
虛假促銷	中國消費者協會	「雙 11」虛假促銷商品比例	—	16.70%	6.10%
	信用中國	「雙 11」價格「明降暗增」商品比例	53.57%	—	29.43%

資料來源：中國信通院. 互聯網平台治理研究報告（2019 年）[R/OL].（2019-03-01）[2021-08-19]. http://www.caict.ac.cn/kxyj/qwfb/bps/201903/P020190301352676530366.pdf.

表 2-3 大型平台壟斷行為舉例

平台	壟斷領域	焦點問題	具體表現
谷歌	在線搜索	壟斷地位傳導	迫使垂直網站交出有價值的數據；利用搜索優勢進入鄰近市場；利用與安卓手機製造商的合同排擠競爭對手；干預搜索結果排序
臉書	在線廣告和社交網絡	早期併購問題、平台封閉問題	併購 Instagram、WhatsApp 阻礙創新和競爭；禁止外部社交服務商使用「社交圖譜」
亞馬遜	中小型賣家和供應商	平台中立問題	利用平台優勢收集第三方數據改善自營商品，打壓中小第三方經銷商，偏袒自己的產品
蘋果	iOS 設備商的應用	平台中立問題、算法濫用問題	應用搜索結果排序傾向於蘋果自己的軟件；對其他應用軟件收取 30% 的收入作為佣金

資料來源：根據《數字市場競爭狀況調查報告》整理。美國眾議院. 數字市場競爭狀況調查報告 [EB/OL].（2021-01-17）[2021-08-19].http://www.199it.com/archives/1134717.html.

五、數據要素市場化建設有待完善

數據是一種全新的生產要素，具有其獨特性。其重要的兩個特點就是具有非競爭性、與消費者隱私高度相關。數據要素市場的建設和完善完全沒有成熟的經驗可循。數據要素市場的建設面臨以下三個方面的難點：數據產權界定、個人隱私安

全以及數據壟斷。

（一）數據產權界定：數據的特殊性使其確權較為困難

數據產權界定一般指通過社會強制實現的對數據的多種用途進行選擇的權利的界定，數據要素的確權是數據收集、使用和共享的前提。

儘管數據要素在商業上的應用越來越廣泛，但是數據的交易卻因為產權界定問題進展緩慢。開放免費的公共數據存在質量差和使用價值不高等問題，而非公共數據又因為隱私問題和商業祕密等原因被個別平台企業所獨佔。這使得在目前數字經濟迅速發展的背景下，海量的數據分享動機不夠強、利用率較低。例如，菜鳥網絡與順豐的分歧、淘寶與美景案、微博與脈脈案、大眾點評與百度案，本質上都是數據競爭。數據產權問題已經成為平台企業難以迴避的競爭焦點。但是，由於數據具有非排他性這一特殊屬性，因此在平台企業對其使用過程中，數據的佔有權、使用權、收益權和處置權等相關權利的界定與傳統生產要素相比更為困難。

（二）個人隱私安全：隱私保護與經濟發展矛盾突顯

平台經濟的發展要求必須使用個人數據才能為消費者提供服務，部分涉及個人隱私的數據被平台企業收集在所難免，例如高德地圖和百度地圖導航所需要的地理位置、各銀行

人臉認證所需的個人照片、淘寶和京東等網購平台個性化推薦所需的消費記錄等，同時還可能存在個人信息被過度收集的隱患。而一旦這些個人隱私數據被泄露，消費者的人身財產安全就將受到威脅。且由於各平台企業擁有的數據量巨大，因此一旦遭到泄露，就幾乎會對每個人造成不可估量的危害。例如，僅北京瑞智華勝科技股份有限公司一案，就有 30 億條用戶個人信息被非法竊取，涉及百度、騰訊、阿里、京東等全國 96 家互聯網公司的產品。

然而，強調隱私保護情景下的數據與商業情景下的大數據所關注的對象並不等同。強調隱私保護情景下的數據一般對應單個個體的數據，商業情境下使用的是某特定羣體的大數據集，二者並不完全是總和的關係。例如，平台企業可以根據後台數據庫，進行用戶畫像分析，生成的分析結果並不涉及具體個人情況，但如果這部分數據被泄露和非法利用，包含在其中的個人隱私就會受到侵犯。這就導致數據價值和數據安全所規範的數據並非同一層次的數據，產生的矛盾對數據要素的規制提出了新挑戰。

（三）數據壟斷：利用數據限制競爭的行為越發普遍

數據壟斷主要指平台對數據資源的壟斷和平台依靠數據排除或限制競爭的行為。雖然平台企業可以通過獨佔海量的數

據進行服務質量升級，但獨佔大量數據的平台企業更容易利用數據通過算法合謀、濫用市場支配地位和經營者集中等方式實施壟斷行為，從而限制市場自由競爭、降低消費者的福利和整體市場的創新活力。

現如今，海量的數據為少數超級平台所掌握，平台經濟具有顯著的少數大企業主導的特徵，市場集中度較高。根據中國信通院的報告《平台經濟與競爭政策觀察（2021）》，2020年中國即時通信、移動支付、遊戲直播、電商直播、網絡音樂、搜索引擎等市場 CR4 均超過 90%，絕大部分細分領域市場份額均被少數頭部平台企業佔領，市場競爭格局呈現出高度集中的特點。平台企業濫用市場支配地位的行為頻頻出現，比如強迫進行「二選一」「大數據殺熟」等。就「大數據殺熟」這一行為而言，部分在線旅遊平台向那些對平台具有較強依賴性、需求彈性較小的老用戶收取更高的價格。2019年北京市消費者協會公佈的調查結果顯示，56.92% 的被調查者表示有過被「大數據殺熟」的經歷。平台企業利用手中的數據實施數據壟斷行為已屢見不鮮，長此以往很有可能阻礙經濟的正常發展。因此，數據壟斷行為亟須加以重視並予以規制。

第四節　發展建議

一、完善創新體系，攻克關鍵技術

　　要繼續完善政產學研深度融合的創新體系，攻克數字產業中的核心技術。充分發揮行業企業、信息企業、高校和科研院所各自的優勢，聯合攻關，推動行業專業軟件、大規模數據分析技術等核心技術的開發和大規模商業運用；繼續完善知識產權保護體系，給創新者提供足夠強的激勵，同時也要防止國外高科技企業濫用知識產權壟斷地位；鼓勵企業自主創新，尤其是引導資本市場更關注中長期創新投資；加強反壟斷與公平競爭審查，既要防止市場壟斷，又要防止行政壟斷，保障市場公平競爭，維持市場創新活力。

二、高質量推進信息基礎設施建設

　　一是加大中西部和東北地區的信息基礎設施建設，新建或者擴容市與縣、縣與鎮之間的光纜、通信杆路／管道、光傳輸設備，新建或者擴容相關區域內縣城和鄉鎮駐地城域傳輸網、IP 城域網節點設備。二是進一步加大電信服務業的改革力度，進一步提升寬帶性能，降低入網價格，進一步提升電信

服務的可獲性、非歧視的可接入性和廣泛的可購性。三是在信息基礎設施建設過程中優化融資方式，可以適當引入社會資本，激發社會資本的積極性。美國星鏈計劃以及微軟和臉書建設海底電纜的案例說明鼓勵互聯網企業積極參與也是可行的方法之一。四是為信息基礎設施找到更多應用場景，以場景應用來帶動建設。以 5G 為例，儘管 5G 功能大大強於 4G，但是對於普通消費場景而言，4G 已經夠用，從而在消費端缺乏使用 5G 的激勵。因此，必須為 5G 找到更多的應用場景，以支撐鋪建 5G 的高昂成本。

三、加快發展產業互聯網

首先是繼續推進企業數字化轉型，尤其是中小企業數字化轉型。要建立產業互聯網，企業數字化轉型是核心，其中中小企業數字化轉型更是核心中的核心。要解決中小企業不能、不願、不敢進行數字化轉型的問題，可以採取以下措施：

一是豐富中小企業數字化轉型的服務供給。可以着重培養一批智能化、網絡化、數字化的服務商，甄選一批基礎性工業應用軟件，發佈一批數字化解決方案。二是充分發揮平台企業和行業龍頭企業在建立產業互聯網中的獨特優勢。產業互聯網要求對供給側進行柔性化改造，以滿足大規模定製化生產的

要求。由於涉及對全產業鏈的改造，因此單憑某個中小企業是無法實現這個目的的，這個時候需要平台企業和行業龍頭企業的幫助。平台企業和行業龍頭企業在市場上積累了大量的數據、資源、經驗和技術，其獨特的優勢有助於幫助中小企業進行數字化轉型。平台企業和行業龍頭企業搭建工業互聯網平台各有優勢。平台企業在信息化方面更有優勢，而行業龍頭企業在整個產業鏈中耕耘多年，在行業知識方面有壓倒性優勢。目前成功的模式既有平台企業主導型的，也有行業巨頭主導型的，未來應該鼓勵平台企業和行業龍頭企業充分發揮彼此的優勢，搭建產業互聯網平台。三是加強中小企業數字化轉型的宣傳和交流工作。政府可以牽頭做數字化轉型交流平台，宣傳和展示成功的數字化轉型案例，提供中小企業數字化轉型交流機會。四是加大對中小企業數字化轉型的政策支持力度，包括在金融領域進行改革突破，推進企業將數字化轉型中收集到的數據作為重要資產進行相應融資的試驗；繼續加強數字人才的培養和培訓，一方面鼓勵企業引進高素質數字人才，另一方面為企業員工提供相應的數字化轉型培訓。四是繼續完善數據規則，統一制定相應的數據標準，加強數據安全的管理和建設，完善數據共享機制。五是鼓勵企業轉變「贏者通吃」的消費互聯網思維，建立共建共生共享的產業互聯網思維，合作共

贏，推動產業互聯網生態圈健康成長。

四、依法進行平台反壟斷，規範平台行為

重視典型案件的引領作用，增強《反壟斷法》的威懾力，防範龍頭平台的機會主義傾向。要及時查處嚴重妨礙公平競爭和損害消費者權益的典型案例，確保數字平台對《反壟斷法》心存敬畏，從而真正維護市場競爭、重視研發創新。2021 年 4 月 10 日，國家市場監督管理總局發佈了對阿里巴巴「二選一」案的行政處罰決定，在綜合考慮其違法行為性質、程度和持續時間等因素的基礎上，處以 2019 年銷售額 4% 的罰款。阿里巴巴「二選一」案作為數字平台濫用市場支配地位第一案，不僅使監管方有據可依，而且使平台方能有針對性地糾錯。

更新數字平台反壟斷執法的理念和工具，更加重視研發創新的動態效率，更加重視開發動態性指標，避免從寬鬆監管的極端走向過度監管的另一個極端。具體措施的制定可以從三方面入手。第一，建立動態效率分析框架。一個有益的嘗試是，在通用的靜態均衡分析框架的基礎上，闡釋數字平台競爭的動態演化過程。在阿里巴巴「二選一」案的相關市場界定方法中，執法機構以淘寶和天貓直接對應的交易型雙邊平台為起點，按照緊密替代標準，從經營者需求、消費者需求和供給角

度分別進行替代分析，並比較了 B2C 網絡零售、C2C 網絡零售等多組相近交易模式，最終界定的相關商品市場為「網絡零售平台服務市場」。這種分析框架既可延續傳統替代分析思路，又能充分體現數字平台的特徵。第二，建立動態指標「工具箱」。在通用反壟斷工具的基礎上增加動態性指標，特別是將反壟斷工具放在一個足夠長的時間跨度中考慮，避免只關注平台經濟行為或政府干預行為的短期影響。第三，建立動態執法「政策庫」。綜合採取企業政策、教育培訓、約談、指導整改等手段，豐富執法工具。

在數字平台反壟斷的抓手上，應當更突出類型化，「一把鑰匙開一把鎖」，增強反壟斷執法的精準度和可操作性。一是將平台業務類型化，按照市場導向將數字平台分為基礎平台、主導平台和應用平台。其中，基礎平台提供互聯網基礎接入服務，涉及的反壟斷問題較少；主導平台包括搜索引擎、社交媒體、門戶網站，市場集中度較高，是反壟斷執法的重點難點；應用平台包括電子商務、網約服務、移動支付等，這類平台業務多樣、競爭性強，對其反壟斷執法應當審慎包容。二是將壟斷行為表現類型化，這需要反壟斷執法機構逐一細化平台的行為外觀、行為對象、行為方式、行為效果，區分可能存在的正當理由和必然構成違法的判定標準。數字平台反壟斷的

類型化是一項長期工程，需要更廣泛的法律主體共同參與。首先，分專題深入梳理《反壟斷法》《反不正當競爭法》《電子商務法》，並根據平台特徵做出進一步的司法解釋。其次，及時調整上述法律存在交叉或衝突的地方。此外，堅持「開門立法」的原則，廣泛徵求國務院反壟斷委員會成員單位，地方市場監管部門，國有、民營、外資等各類市場主體和社會公眾意見，與歐盟、美國等主要司法轄區反壟斷執法機構深入交流。

在數字平台反壟斷的體系上，應探索數字平台內外協同的治理格局，並以此作為提高執法透明度的制度保障。數字平台對全社會都有影響，因此需要全社會共同監督。內部治理包括三個方面：平台自治、消費者反饋與商家舉證。其一，加強平台自治，在政府引導的前提下，充分發揮平台自治作用，並為潛在經營者進入平台提供制度保障。其二，加強消費者監督，需要完善平台用戶的反饋評價功能、完善消費者訴訟制度。其三，加強商家監督，需要暢通平台內經營者發聲渠道，鼓勵商家在反壟斷調查中積極舉證。外部監督同樣包括三個方面：政府執法、社會組織協助與公眾監督。其一，強化政府執法，需要明確反壟斷機構與其他監管機構的目標和分工。不要把所有問題都歸到反壟斷機構，而應當讓反壟斷機構回歸到經濟目標本身，並將其他非經濟目標分別委託於相對

獨立的執法部門。其二，倡導社會組織協助，需要加快數字服務平台第三方信用機構建設，統一平台信用技術標準和認證流程。其三，重視公眾監督的力量，儘量在反壟斷審查的每個程序節點上都保持公開透明。透明、高效、全面、有力的反壟斷執法本身對經營者就是很有效的告誡與合規培訓。

五、構建完善的數據要素市場

明確界定數據產權。合理界定數據產權應以實現社會福利最大化為目標。第一，根據數據處理主體的不同，可以對數據產權主體進行進一步類型化。根據場景性公正原則，結合數據具體的使用場景、使用過程的參與者等因素，本着能夠更好地體現公平公正以及最大限度地實現數據價值的原則來確定數據產權。第二，融合區塊鏈等技術手段。由於區塊鏈是一種不可篡改的分佈式記賬系統，鏈上的數據具有時間戳且不可篡改，因此利用區塊鏈技術進行溯源或許可以為數據確權提供一種更好的解決方法。此外，利用區塊鏈具有的可追蹤的特性，可以知道數據是否曾被使用、曾被誰使用、曾被用於什麼，從而更有效地對數據進行管理，防止數據被再次複製、傳播，有利於界定和保護數據產權。第三，具體到數據要素的交易機制，可以將經濟主體對數據要素的權益作為用益權，而不

是所有權。由於同樣的數據要素通過無成本的複製能被兩個經濟主體同時「擁有」，因此用所有權就難以解釋經濟主體與數據要素的關係，此時用益權就能較好地解釋交易後的數據要素權益。第四，將數據要素交易解釋為一種服務。數據所有者向數據購買者提供數據服務，服務期內數據所有者不僅提供數據，還可以提供數據更新、技術支持等服務。合同中可以規定到期後如何處理數據，而且一個數據提供者可以向多個數據購買者提供數據服務。

完善隱私保護政策。現階段的主要擔憂是過度嚴格的隱私保護政策會阻礙數字經濟的發展，因此可以考慮以下幾個方面：第一，隱私問題涉及個人數據，對隱私的立法可以重點關注個人數據，同時應充分考慮大數據時代下個人隱私泄露的問題，以平衡隱私保護和經濟發展。第二，對於個人數據，可以使用加密手段，實現個人數據的脫敏。平台企業在應用時對個人隱私數據進行匿名化或加密處理，以回應公眾對隱私的關切；政府對自身的數據收集與共享行為也要有更嚴格的規定，要加強內部控制，尤其是政府內部無法處理數據，在與平台企業進行數字技術合作時，必須加強對數據安全的監管，進行有效脫敏，從數據源頭上保護個人隱私。第三，對涉及公共利益的問題，如科研等，可以在一定程度上放鬆。第四，中國的國

情是公民缺乏隱私意識、隱私監管不嚴，因此，在制定隱私保護政策的同時，有必要增強公民的隱私保護意識，在收集和使用數據方面加強對平台企業的監管。第五，區分個人數據和個人信息。中國在《民法典》中採取了區分個人數據和個人信息的立法安排，有條件地對二者加以靈活切割，保障個人數據的合理商業應用。需要特別注意的是，在中國國情下，隱私保護政策沒有過度嚴格的風險，即使現有的隱私保護政策切實執行，也難以影響數字經濟的大局。相反，如果隱私保護政策長期不落地，則會對數字經濟的發展造成負面影響。

在對數據壟斷進行治理的過程中，政府應該激勵企業利用數據產生社會效益。具體措施可以從兩個方面入手。一方面，鼓勵數據收集企業在獲取收益的同時，在適當的範圍內共享數據，並提供相應的配套政策。數據作為企業的一種重要的生產要素，有着類似於知識產權的影響。數據能夠給企業帶來豐厚的收益，如果數據由社會共享，則能夠帶來更大的社會效益。另一方面，反壟斷可以借鑒知識產權的保護方法。與治理知識產權壟斷相似，對數據壟斷的治理也需要權衡事前效率和事後效率：事前效率上，政府需要激勵企業投入大量資金開發技術收集數據，企業如果預期數據會被強制共享，則將減少自身收集的數據，這樣反而會讓市場失去動態效益；事後效率

上，企業收集到的數據能夠共享給其他企業，從而產生社會效益。這就需要政府對企業做出承諾（類似《知識產權法》），比如在數據收集之後的一段時期內不需要強制共享給其他企業或機構，保證企業能夠享受收集數據帶來的收益和回報，這樣才會激勵企業進行前期的數據收集。長期來看，在企業利用收集到的數據獲得了足夠的回報之後，數據就需要以某種特定的形式進行社會共享，在產生社會效益的同時也能夠降低企業實施數據壟斷行為的可能性。

第三章

產業數字化：數字技術與實體經濟的融合

　　產業數字化，主要是指傳統產業應用數字技術和數據資源以增加產出和提升效率，是數字技術與實體經濟的融合，是融合驅動型新產業模式和新業態，是獲取、傳輸、存儲、處理和應用數據的過程。其通過新型信息技術與產業的深度結合，實現各產業的數字化升級改造，落腳點是實體經濟。本章詳細梳理了產業數字化的現狀和特點、發展趨勢、發展中面臨的問題，最後提出相應的政策建議。

第一節　現狀和特點

　　產業數字化指的是傳統產業的數字化轉型和升級過程，主要涵蓋智能製造、智能交通、智慧物流、智慧農業、數字金融、數字商貿、數字決策、數字政府、數字社會等數字化應用場景，對應國家統計局發佈的《數字經濟及其核心產業統計分類（2021）》中的 91 個大類、431 個中類、1256 個小

類[1]。數字技術已經並將進一步深度滲透國民經濟各行業並與其廣泛融合。

2016 年習主席在中共中央政治局第三十六次集體學習時強調，要加大投入，加強信息基礎設施建設，推動互聯網和實體經濟深度融合，加快傳統產業數字化、智能化，做大做強數字經濟。要利用數字化推動傳統產業智能化、高端化、綠色化，完成傳統產業改造，推動產業數字化轉型。工業上，加強自主創新，深化研發設計和生產、運營和管理、市場服務等環節的數字化應用，實施「上雲用數賦智」行動，推動數據賦能全產業鏈協同轉型，實現產業數據互聯互通，建設具有國際水平的工業互聯網平台和數字化轉型促進中心，培育發展個性定製、柔性製造等新模式，加快產業園區數字化改造；服務業上，加速培育眾包設計、智慧物流、新零售等新增長點；農業上，推進農業生產經營和管理服務數字化改造，加快智慧農業發展。當前，全球產業數字化轉型已成必然趨勢。

當前中國產業數字化速度不斷加快，製造業數字化轉型穩步前進，產業數字化在數字經濟中佔比超過 80%。據統計，

1　國家統計局. 數字經濟及其核心產業統計分類（2021）[EB/OL]. （2021-06-03）[2021-08-19]. http://www.stats.gov.cn/tjgz/tzgb/202106/t20210603_1818129.html.

自 2005 年以來，中國產業數字化規模年均增速超過 25%，遠
超同期 GDP 增速。

各產業數字經濟的滲透率逐年遞增。2020 年農業、工業、
服務業數字經濟的滲透率分別達到 8.9%、21.0% 和 40.0%，均
高於 2019 年（2019 年分別為 8.2%、19.5% 和 37.8%），但低
於世界水平。這意味着中國在產業數字化方面還有很大的發
展空間。產業數字化加速推進，工業領域數字化轉型進入加
速發展期。

一、產業數字化轉型穩步推進

雖然中國產業數字化轉型起步較晚，但作為數字經濟發
展的強大引擎，在「雙循環」新發展格局下，產業數字化轉
型穩步推進。中國信通院發佈的《中國數字經濟發展白皮書
（2020 年）》顯示，2020 年，中國產業數字化規模達 31.70 萬
億元（見圖 3-1），佔數字經濟的比重為 80.9%，5G 商用已成
為推動產業數字化加速發展的主要動力。服務業、工業、農業
數字經濟佔行業增加值的比重分別為 40.7%、21% 和 8.9%，產
業數字化轉型提速，服務業數字化實現爆發式增長，融合發展
向深層次演進。數字化轉型已經不再是口號。宏觀層面，世界
經濟深度下滑，國際貿易摩擦加劇，國內經濟下行壓力增大；

圖 3-1　2014—2020 年中國產業數字化規模情況

資料來源：中國信通院. 中國數字經濟發展白皮書（2020 年）[R/OL].（2020-07-03）
[2021-04-19]. http://www.caict.ac.cn/kxyj/qwfb/bps/202007/P020200703318256637020.pdf.

企業層面，疫情引發連鎖反應，激發企業自主創新，運用數字
化手段降低成本。這成為企業數字化轉型的內部和外部驅動
力，越來越多的傳統企業聚焦數字化轉型。

「十四五」規劃綱要為推進產業數字化轉型制定了清晰的
路線圖，提出實施「上雲用數賦智」行動、推動數據賦能全產
業鏈協同轉型等是「十四五」期間經濟增長的重要內容。在多
重利好政策推動下，產業數字化主引擎地位不斷鞏固並將帶動
經濟規模持續擴大。數字經濟是一種社會化水平更高的基礎
性、創新性經濟模式，影響着未來國家間的經濟競爭。今後

應提升關鍵領域核心自主創新能力，協調各區域不同產業數字化發展佈局，加強新型基礎設施建設，確保數字經濟高質量發展。

產業數字化轉型主要由內在推力和外在拉力共同驅動。內在推力主要體現為數字技術賦能（前沿技術、數字層、平台層、物理層）和經濟模式變革（新業態、新模式、新管理）；外在拉力主要體現為治理模式創新（數據治理、可持續發展、人才支撐）和基礎保障（新型基礎設施建設、新型管理體系）[1]。

二、生產方式轉向需求拉動

產業數字化使得生產方式由供給推動模式轉向需求拉動模式。產業價值創造由傳統的生產者導向轉為消費者需求導向，高素質和高技能的消費者參與生產各個環節，參與顧客價值創造，成為價值共同創造者，成為更好地聯結供給和需求的力量，有助於企業轉變生產方式。

產業數字化要求企業的生產方式特別是組織方式發生變

1　柳俊.「雙循環」新發展格局下的產業數字化轉型 [EB/OL].（2021-08-14）[2021-08-19].https://www.sohu.com/a/483290010_100276736.

革，從傳統的供給推動消費增長轉變為根據消費者需求進行定向生產，以滿足消費者差異化、個性化的需求，即以消費者為中心，對渠道、營銷、供應鏈等全部環節進行數字化改造。

三、產業、行業差異性明顯

從數字經濟佔比來看，2020 年農業、工業、服務業數字經濟的滲透率分別達到 8.9%、21.0% 和 40.0%，存在明顯產業差異性；從行業方面看，2019 年數字化人才 46.6% 來自 ICT 行業，20.9% 來自製造業，6.8% 來自金融業，6.6% 來自消費品行業，僅 0.1% 來自農業。從以上數據可以看出，服務業是產業數字化發展勢頭最強勁的領域，數字人才向傳統行業滲透主要集中在服務業、製造業、金融業和消費品行業，軟件與 IT 服務業和製造業是當前擁有數字人才最多的兩大行業。結合其他研究數據，可以看出人工智能、區塊鏈是數字經濟的新引擎，人工智能、區塊鏈、雲計算和大數據分析等更能吸引高精尖數字化技能型人才，數字人才分佈呈現出明顯的「南強北弱」的特點，數字人才逐漸向中心城市聚集。

四、運用廣度、深度不足

隨着中國在人工智能、區塊鏈、雲計算和大數據等數字

技術領域的研發創新取得更大的進展，中國數據獲取與分析能力大幅提升，數據賦能與技術賦能使得中國產業數字化、智能化轉型提檔加速。中國要抓住數字產業變革的機遇，在數字技術成為創新新動能、數字化服務日益普及和數字化貿易日趨成熟的背景下，助推產業轉型升級。但同時，我們需認識到，中國產業數字化的廣度、深度不足，尤其是製造業、農業等領域。

以製造業為例，中國在製造業數字化的幾個核心領域發展水平較低：一是智能製造；二是人機協作；三是信息整合；四是數據決策。例如，在智能製造方面，中國智能傳感器產業面臨着關鍵技術弱、市場佔有率低等困境；在人機協作方面，工業機器人使用密度僅為美國的 22%，先進製造技術的普及有待加強；在信息整合方面，中國目前企業上雲率僅為 30%，遠低於美國的 80%，並且關鍵工序數控化水平較低；在數據決策方面，中國智能數據分析與決策能力也落後於發達國家，目前仍側重於信息基礎技術。

五、融合驅動引發產業變革

以大數據、物聯網、雲計算為代表的數字信息技術以高效率的信息計算和信息傳遞打破了數據要素流動的時空局

限，促使數字經濟與傳統產業不斷加速融合，推動產業鏈、供應鏈與價值鏈重塑。「互聯網＋」不僅帶來了網約車、外賣、共享單車等一系列「新面孔」，還向農業、工業、服務業延伸，催生出一系列符合產業升級和消費升級方向的新模式和新業態。數字化引發了生產製造技術和產業組織方式的變革，大幅拓展了產業鏈的延伸空間，推動產業鏈形態由簡單線性模式向複雜網絡組織模式動態演變，因而產生了工業互聯網的概念。工業互聯網具有較強的協同性，上游通過智能設備實現工業大數據的收集，再通過中游工業互聯網平台進行數據處理，最後在下游企業中進行應用。基於高度連接與協同的組織網絡，各分工主體間的信息共享和生產協同水平得到大幅提升。

　　產業鏈組織分工對地理空間鄰近的依賴程度的下降，使得以追求知識溢出、規模經濟、範圍經濟和規避交易成本為動機的地理空間形態集聚趨向於轉變為以數據和信息實時交換為核心的網絡虛擬集聚。上述轉變使得產業鏈組織分工能夠更充分地發揮區域資源要素的比較優勢，從而帶動更大空間中的個體參與組織分工。數字經濟下，產業鏈組織形態發生轉變並突破了地理空間對組織分工的硬性約束，製造業產業鏈分工邊界得以大幅拓展，也推動了產業鏈重構與製造企業轉

型升級。

第二節　發展趨勢

產業數字化作為數字經濟重要的組成部分，在數字經濟中的佔比越來越大，未來產業數字化將向專業化、智能化、平台化和場景化的方向升級。

一、全產業鏈數字化加快落地

近年來，中央和地方陸續出台了關於「互聯網＋」和數字經濟發展等的一系列政策措施，推進互聯網與產業融合快速落地。產業互聯網在疫情防控和復工復產過程中發揮了重要作用，中央多次提出加快新型基礎設施建設，大力完善5G、雲計算、大數據等數字基礎設施，加快各行各業的數字化進程。

數字經濟包括通信產業鏈、計算機基礎技術產業鏈、軟件產業鏈、互聯網產業鏈、電子商務產業鏈等。目前，數字經濟與實體經濟融合走向縱深：一是融合深度逐步提高，數字經濟應用水平不斷提升，單環節數字化向全鏈條數字化轉型，信息整合加速轉向智能決策；二是融合生態加速構建，企業同解

決方案提供商、硬件企業、平台企業等的合作更加廣泛；三是綜合載體不斷完善，工業互聯網日益成為大數據與實體經濟融合發展的關鍵載體和現實路徑。

二、共建共享共生是轉型關鍵

共建共享與共生共享是共享發展理論的雙重邏輯。共享的方式多種多樣。共建共享與共生共享是社會利益構成的新模式。產業數字化轉型通過共建共享與共生共享，可以實現合作共贏，因為兩種共享的目標都是共同富裕。要利用共建共享共生有機結合的互補關係，形成多邊、跨界融合的新型產業生態，助力產業數字化成功轉型。

三、產業互聯網仍將快速演變

產業互聯網的主要服務對象是企業，旨在為企業生產經營提供數字化服務，推動其提質增效。國家高度重視產業互聯網的發展。2019 年國家發展改革委和中央網信辦聯合發佈《國家數字經濟創新發展試驗區實施方案》，提出要以產業互聯網平台、公共性服務平台等作為產業數字化的主要載體。2020年國家發展改革委和中央網信辦再次聯合印發《關於推進「上雲用數賦智」行動培育新經濟發展實施方案》，提出要構建

多層聯動的產業互聯網平台。2021 年中央財經委員會第九次會議指出，要加速用工業互聯網平台改造提升傳統產業、發展先進製造業，支持消費領域平台企業挖掘市場潛力，增加優質產品和服務供給。可見，國家在戰略上高度重視產業互聯網的發展。

在產業界，各大互聯網公司紛紛轉戰產業互聯網。一方面，消費互聯網紅利瓶頸日漸顯現；另一方面，產業互聯網發展潛力逐步突顯。與消費互聯網相比，產業互聯網蘊含着更大的潛能。從鏈接數量來看，消費互聯網實現的是人與人之間的鏈接，鏈接數量有上限；而產業互聯網實現的是物與物之間的鏈接，包括人、設備、產品、軟件等，鏈接數量與消費互聯網不在同一個量級上，可達百億級別。從重要性來看，產業互聯網對國民經濟的重要程度遠遠大於消費互聯網。消費互聯網主要是解決供給需求信息不對稱的問題，核心功能是提高市場交易的效率，對生產端效率的影響不大；而產業互聯網卻直接影響生產端的生產效率，為生產端的個性化產品設計、生產自動化、數字化營銷賦予更強大的能力，能優化企業組織結構、提升生產率，是供給側提質增效的重要抓手。隨着人工智能、雲計算、大數據等數字技術的日漸成熟，可以預見，產業互聯網將會迎來一個蓬勃發展的新時期。

四、「上雲用數賦智」成轉型助力

「十四五」規劃綱要為推進產業數字化轉型制定了清晰的路線圖，提出要實施「上雲用數賦智」行動，推動數據賦能全產業鏈協同轉型。在重點行業和區域建設若干國際水準的工業互聯網平台和數字化轉型促進中心，深化研發設計、生產製造、經營管理、市場服務等環節的數字化應用，培育發展個性定製、柔性製造等新模式，加快產業園區數字化改造等。通過「上雲用數賦智」推動數據賦能全產業鏈協同轉型，加快利用數字技術推動產業轉型升級已成共識。中國會繼續深入推進企業數字化轉型，打造上下游全產業鏈跨行業融合的數字化生態體系。

五、柔性製造漸成趨勢

隨着網絡日益發達，人們的個性化需求日益增加。為滿足差異化的消費需求，能夠生產某種範圍的產品族的柔性製造逐步成為眾多企業嘗試的生產方式。在電子商務領域興起的C2B、C2P2B等模式體現的正是柔性製造的精髓。其小批量、多品種的特點，可以更好地適應消費結構的升級，滿足買方市場和消費者的個性化需求，倒逼廠商和企業轉變傳統生產方

式，發力柔性製造。因此，具有個性化、多元化等特點和能夠根據需求迅速做出反應的柔性製造漸成趨勢。

六、線上線下聯動趨勢

隨着新零售的興起，未來數字經濟線上線下聯動融合驅動成為必然趨勢。電子商務給傳統實體店帶來了巨大衝擊，倒逼傳統實體店走上線上，實現轉型升級。但電子商務市場的競爭也日趨激烈，純電子商務面臨着流量紅利崩潰的現狀，電商巨頭紛紛佈局線下。線上和線下不是相互替代的關係，而是相互融合、聯動發展的關係，這是現實，更是趨勢。

目前零售行業主要分為兩類，即線上零售和線下零售。線上流量具有強互動性優勢，在互聯網環境下，線上流量是一個非常重要的分析指標；線下零售則比較重視客流量，可以將通過率、入店率、購買率作為管理指標。

當前，隨着數字技術發展和人們消費需求升級，線上線下聯動發展已經具備較好的基礎，尤其是疫情期間，線上營銷新模式受到普遍關注，加快了消費模式的轉變。順應數字化改造的線上線下、虛擬現實聯動模式，線下做體驗服務，線上做引流轉化，正成為未來發展的大趨勢，更能賦能產業數字化，助力良好營銷環境和消費場景的建立，推動數字化轉型升級。

專欄 3-1 線上線下聯動

1.線上線下全渠道整合方式多樣

一方面，實體店通過各種形式紛紛走上線上。一是自建B2C平台。如蘇寧易購和京東商城等同時擁有實體店舖和網店的大型零售企業，在實體零售時代就佔據了較大比例的市場，往往主動拓展線上渠道，形成線上線下融合的局面。二是與第三方B2C平台合作。如與阿里巴巴的淘寶平台合作，在獲取流量、拓展網絡上的銷售渠道時能夠節約資金和降低風險。三是在社交網絡上銷售推廣。基於微信、微博等社交軟件，利用熟人之間的關係建立品牌聲譽，同時定向營銷，大幅提高營銷效率，降低宣傳成本。

另一方面，傳統電商巨頭紛紛佈局線下。馬雲提出新零售的概念後，阿里巴巴加速佈局線下零售，推出了盒馬鮮生，同時加強與傳統線下零售商的戰略合作。京東也加快開設線下京東便利店、京東家電專賣店，與傳統實體店不同，其主要作用是代客下單、線下推廣，本質是從線下向線上導流的O2O入口。

2.線上線下聯動重塑零售新業態

新零售是線上線下渠道整合的主要形式，其依託互聯

網，通過運用大數據、雲計算等各種技術手段，將線上線下以及物流打通，重塑零售業態的新形式。

一是廣告營銷更加高效。線上線下渠道整合能夠充分結合用戶線上行為數據和線下物理數據進行精準營銷，提高潛在用戶轉化率。通過分析用戶 IP 地址、手機定位（LBS）以及平台數據，鎖定品牌目標受眾。圍繞其日常生活中常用的應用軟件進行二次覆蓋，喚醒原本在線下已經有了品牌記憶但還沒有實現轉化的用戶採取行動，進一步提升轉化效果。

二是線下物流更加智慧。新零售下，門店成為物流前端支點，倉儲時間日益縮短，庫存逐漸向消費端移動。隨着大數據、人工智能的升級，前置倉配置、倉儲一體化、機器人分揀貨物等物流策略和新科技得到加速應用，智能倉儲、智能配送、超級物流樞紐等建設更加完備。

三是涉及領域更加豐富。服裝、餐飲、家居、科技等領域在線上線下融合方面進行了更多模式探索與應用。由於數字技術加強了供給側和消費側的聯繫，因此顧客對工廠（C2M）、消費者對商家（C2B）等線上線下融合的生產模式層出不窮。同時，數字化大大提高了生產過程的柔性和集成性，實現了產能、質量和效率的提升，正在引領產業發展，推動生產的高效率和需求的個性化融合。

第三節 發展中的問題

本節從企業層面和產業層面兩個角度梳理產業數字化過程中遇到的問題。

一、企業數字化轉型面臨實際困難

企業數字化轉型在實際中面臨着不會轉、不能轉、不願轉與不敢轉的問題。一是不會轉。對大多數企業，尤其是中小企業而言，領導層能力有限，對數字化轉型還很陌生，不重視也不會規劃。即使重視了，其在數字化轉型過程中也大多只關注數字技術的應用，而忽視企業文化、組織結構、公司戰略等都需要進行與數字化轉型相匹配的調整。而事實上，對於企業成功實現數字化轉型而言，更重要的是順利實現與數字化相匹配的組織結構、企業文化、公司戰略等軟實力的調整。另外，企業內部數字人才儲備普遍不足，也是企業不會轉的重要原因。二是不能轉。即使企業領導懂得如何轉，外部制約因素（技術門檻、資金門檻等）也使得其心有餘而力不足。許多企業的數字基礎設施建設和數字化水平非常低，而外部環境中，轉型共性服務平台缺失、服務能力和針對性不夠、第三方技術服務平台標準不統一使得企業無法跨越數字化轉型的技

術門檻。數字化轉型需要一個比較長的周期，需要動用大量資金，而大多數中小企業受到的約束較強，造血能力不足，而外部輸血能力又嚴重滯後，因此企業即使會轉，也不能轉。三是不願轉。即使企業懂得如何轉，而且外部條件也沒有造成硬約束，它們也不願意轉。數字化轉型是一個漫長的過程，技術改造投入大，專用性強。數字化轉型資本投入無經驗可循，陣痛期較長，且見效慢，轉換成本高，加之轉型效果不明確，試錯成本高，使得企業轉型積極性不高。還有些企業對數字化的認識不夠深入，缺乏目光長遠的領導者。這些因素都造成了企業不願轉。四是不敢轉。中國宏觀經濟不確定性上升，貿易戰和疫情疊加導致企業外部生存環境惡化，使得企業在數字化轉型投入上更加傾向於規避風險。此外，對數據安全的擔心，使得企業不願意上雲，怕敏感信息上雲後造成系統性的安全隱患。企業還擔心數據被服務提供商所濫用。這些都使得企業不敢轉。

二、傳統產業數字化轉型任重道遠

推進產業數字化轉型複雜性強、難度大，必須在國家經濟發展戰略引導下，利用數字技術穩步推進。目前，產業數字化轉型主要面臨以下困難。

一是技術短板突出，數字平台技術規模效應不足。當前

雖然中國人工智能領域湧現出了大量創新，但在先進技術和前沿科技方面短板依然突出，與發達國家存在明顯差距。平台經濟、共享經濟雖然發展速度快，但目前體量較小，產業協同水平較低，難以形成規模效應。產業數字化程度不足，在產業數字化規模佔數字經濟的比重高達 80.9% 的同時，各行業數字化運用的廣度和深度不足 10%，發展不均衡，轉型過程中缺乏相應的組織創新。

二是體制不完善，數據要素支撐不足。數字產業化轉型體系不健全，數字經濟發展體制不完善。數據要素作為重要的生產要素，已經成為產業數字化發展的核心動力。一方面，數據資產積累薄弱。數據資產是數字化轉型的重要依託，多數企業目前還處於對數據的感知階段，距離應用覆蓋還有很長的路要走；另一方面，「數據孤島」問題尚未解決，數據規模、質量、交流程度受限。此外，產權和知識產權支撐問題亟待解決。

三是跨界人才供給缺乏，數字化轉型帶來結構性失業。數字化依賴數字技術創新，創新需要以人為本。當前數字經濟發展中，跨界人才需求量激增，尤其是互聯網、區塊鏈等行業跨界人才缺口巨大。數字化轉型加速傳統企業退出，新興企業快速發展。新舊動能轉換過程中由於收入分配差距被拉大，因此需要警惕結構性失業等風險。

　　四是數字基礎設施建設有待進一步夯實，融合滲透深度有待進一步提高。數字基礎設施建設是輕資產、高科技含量、高附加值的發展模式。當前中國數字基礎設施建設雖然已具備一定基礎，但仍需要進一步夯實。另外，如何充分展示數字技術與實體經濟融合，信息技術、新型基礎設施建設與傳統產業融合，也是值得進一步思考和解決的問題。

　　五是網絡安全問題亟待解決。隨着網絡深入人們生活，尤其是上雲後，各種網絡安全問題成為制約產業數字化轉型的重要因素。網絡安全問題主要可以歸納為以下幾點：數據集中化程度不高；上雲後應用服務器安全邊界不清晰，保護機制不完善；消費數據的安全性低於產業數據，存在較大安全隱患。

第四節　轉型建議

　　本節從企業層面和產業層面對產業數字化轉型提出相應建議。

一、正視企業數字化轉型面臨的現實問題

　　第一是加強企業數字化人才培養，多樹立數字化轉型樣板，解決企業不會轉的問題。如前面所言，企業領導者自身必

須具備數字化思維，在轉型過程中，特別需要重構企業文化和組織結構，防止員工在企業引入破壞性技術時有抵制情緒，克服組織慣性，優化組織結構，加大對數字化人力資本的投資。例如，有些企業設置了首席數字官，服務於企業數字化轉型戰略，首席數字官需要負責加強企業所有員工的數字化培訓，以幫助企業更快地適應數字化轉型。

第二是降低數字化轉型的技術門檻和資金門檻，解決企業不能轉的問題。實施好「上雲用數賦智」行動，鼓勵傳統企業與互聯網平台企業、行業性平台企業、金融機構等開展聯合創新，積極搭建轉型服務方（平台企業）與轉型需求方（中小企業）的對接渠道，引導中小企業提出數字化轉型應用需求。在資金提供方面，政府應加強對中小企業數字化轉型的政策支持，包括在金融領域進行改革突破，推進企業將數字化轉型中收集到的數據作為重要資產進行相應融資的試驗。

第三是降低企業數字化轉型成本，解決企業不願轉的問題。由於大部分中小微企業利潤較低，無法承受數字化轉型成本，或無法支撐完整的數字化轉型過程，因此一方面需要國家大力扶持中小企業開展數字化轉型，比如制定並實施相關補貼政策、稅收優惠政策、貸款優惠政策等，另一方面要利用普惠數字金融等便利條件，為中小企業資金流轉提供保障，有效解

決資金供需不對稱問題，緩解融資難融資貴的難題。同時，為降低數字化轉型中的試錯成本，中小企業可以結成產業技術聯盟，形成數字化轉型合作夥伴關係，各自分攤不同轉型方面的費用，共享轉型成果，共同推動數字化轉型進程。

第四是優化宏觀運行環境，完善數據安全規則，解決企業不敢轉的問題。政府要綜合使用宏觀政策手段，穩定企業外部運行環境，增強企業信心。此外，要進一步完善數據安全規則，加強數據管理，消除企業數字化轉型的後顧之憂。

二、加快加強傳統產業數字化改造

產業數字化的主導地位不斷突顯，但推進產業數字化技術性強、難度大，需要制定科學的數字化轉型戰略，積極開展數字化技術改造，補齊核心技術和產業基礎能力短板，針對中國數字產業鏈關鍵環節發力。要全方位、多角度地深化傳統產業數字化改造，以產業數字化、智能化推動經濟高效率、高質量發展。

第一，要進一步夯實服務業數字化優勢。伴隨數字化發展，中國市場消費需求和傳統服務業轉型需求增加，服務業正逐步成為產業數字化發展的風向標。在數字經濟發展中，產業數字化在服務業實現了爆發式發展，服務業數字化轉型也領先

於製造業和農業。因此，一是應該保持中國電子商務、遊戲等服務業的數字化優勢；二是應該有效利用服務業數字化所積累的消費數據與數字技術，引領製造業、農業等生產端進行數字化協同，實現前端帶動後端的良性發展，精準高效地推動供需平衡。

第二，應打造大型科技平台，培育壯大數字化轉型核心企業和集成平台，深化工業互聯網平台體系建設，加強產業聯合，優化發展環境，推動形成共建共享共生的平台生態，推動產業協同發展。

第三，要培養複合型跨界人才，完善社會保障體制。加強既懂技術又精通業務的複合型跨界人才的培養，一是要加大融合性人才培養政策供給，建立跨界人才教育和培訓體系，加強與高校、科研院所等的跨界人才培養合作，支持高校、科研院所圍繞數字經濟領域開展基礎研究和技術創新；二是面對數字化轉型帶來的結構性失業問題，需要在制度和管理上整合勞動力市場，完善人力資源流動政策，減少對人才流動的政府干預，拓寬就業領域，完善社會保障體制。

第四，要夯實傳統基礎設施建設，提升新型基礎設施建設，形成融合共生新生態。要利用科技賦能支持新基礎設施建設，創造良好的軟硬件環境，增強創新能力。一是要提檔加速

5G 網絡、數據中心等新型基礎設施建設。二是要進一步推動新型基礎設施建設和傳統產業融合發展。融合是產業數字化的核心，未來產業數字化需要依賴共享共建共生，形成融合共生的新型數字化生態，實現產業數字化融合驅動。三是要加快推廣數字化技術在製造業中的應用，同時推進其在智能製造、人機協作、信息整合與智能決策等核心領域的深度運用，加快推進柔性製造，推進產業園區數字化，促進數字產業與傳統產業深度融合。四是要打破數字壁壘，推動大數據中心的建設，在重點行業和區域建設若干國際水準的數字化轉型促進中心，以帶動和促進信息技術與傳統產業融合。五是深入實施工業互聯網創新發展戰略，加快推進製造業數字化、網絡化、智能化，培育數字驅動新業態新模式。

第五，要實現數字化安全與數字化發展同步提升。一是加快制定與數字經濟發展相配套的法律法規，完善法律保障。有關部門需儘快完善相關法律法規，在《數據安全法》即將制定出台的同時，針對人工智能、大數據、區塊鏈等關鍵領域制定相應的法律。二是明確各部門在數字化轉型過程中的具體職能，控制調控力度，減少政府干預，發揮市場配置資源的基礎作用，合理引導數字平台規範發展，探索多元協同的治理機制。三是堅持放管並重，加大對非法獲取、泄露與非法出售

個人信息行為的處罰力度，加強對互聯網平台的監管，加大對數據壟斷的監管和處罰力度，加快數字技術在數字安全方面的應用。四是完善網絡安全建設。建立健全網絡安全保護制度，定期監測和評估，為維護網絡安全提供堅實後盾，築牢網絡安全「防火牆」。

第四章

數字社會建設：推進數字中國戰略的重要抓手

　　《中共中央關於制定國民經濟和社會發展第十四個五年規劃和二〇三五年遠景目標的建議》中明確提出，要加快數字化發展，而數字社會建設正是數字化發展的重要組成部分之一，更是落實推進數字中國戰略的一個重要抓手。基於此，本章系統梳理了中國數字社會建設的發展成就及現狀特徵，對下一階段中國數字社會的發展趨勢進行了研究判斷，深入分析了新的發展形勢下中國數字社會建設面臨的問題和挑戰，並就發展方向和發展重點提出了相關政策建議。

第一節　發展成就及現狀特徵

　　在習近平主席關於「數字中國」和「網絡強國」的重要戰略思想的指導下，中國數字社會建設已經取得一系列令人矚目的成就：以移動通信網絡為代表的數字基礎設施全面覆蓋，滿足人民美好生活需求的數字化公共服務水平大幅提升，政府

引導、多方參與的建設模式也已成為主流，為推進中國經濟社會的全面數字化轉型打下了堅實基礎。

一、數字基礎設施建設實現跨越式發展

（一）數字基礎設施建設已國際領先

數字基礎設施是支撐數字社會建設的工作重心和基礎，對提升全社會數字化水平、推動中國數字經濟高質量發展起着至關重要的作用。「十三五」期間，國家高度重視並支持新型數字基礎設施建設，深入實施「寬帶中國」戰略，並積極推進各類「互聯網＋」行動，為數字社會的建設夯實基礎。

1. 高要求通信設施

當前，中國已經建成全球規模最大且性能優越的光纖和4G 移動網絡，固定寬帶和移動寬帶用戶普及率在 2020 年分別達到 96% 和 108%。自 2018 年 12 月中央經濟工作會議提出要「加快 5G 商用步伐」的指導意見以來，通信和數據存儲處理的基礎設施成為主要的投資方向，以 5G 網絡為代表的信息基礎設施建設全面提速。目前，中國 5G 網絡建設速度和規模位居全球第一，領跑全球其他國家，截至 2020 年年底，中國已開通的 5G 基站多達 71.8 萬個，其中 2020 年新增 58 萬個 5G基站，建設速度及規模驚人，所有地級以上城市均已實現 5G

網絡全覆蓋，5G 終端連接數量已經超過 2 億台。

2. 物聯網數據採集處理設施

自 2009 年「感知中國」理念正式提出後，物聯網技術得到了社會的高度重視，中國物聯網發展的新紀元也由此開啟。近年來，基礎設施數字化、網絡化、智能化建設和改造加速推進，基於各種傳感器和物聯網的智能化管理平台快速搭建，物聯網數據採集設施的應用正在快速普及。在 5G、北斗系統大規模應用的背景下，政府有能力藉助物聯網技術實現物與物、物與人、人與人之間的通信互聯，進而實現「萬物互聯」，對基礎設施進行實時監測，不斷提高市政基礎設施運行效率和安全性能，有力地推動中國城鄉數字化治理水平達到新高度。

3. 大數據中心

隨着各行各業數字化轉型升級速度加快，全社會的數據總量呈爆發式增長，對數據資源的存儲、計算和應用提出了更高的要求。大數據中心作為 5G、雲計算等新一代通信技術的重要載體，扮演着「數字經濟發動機」的重要角色。近年來，北京、上海、廣州、深圳等經濟發展水平較高、人口密度大、數據流量大的地區對數據中心的需求明顯增加，建設速度也明顯加快。截至 2019 年年底，中國數據中心數量已達 7.4 萬個，佔全球數據中心總量的 23% 左右。

（二）為新一輪擴大投資形成新增長點

發展數字基礎設施不僅有利於擴大內需，更有利於創造新供給，還可以引導市場資本流向，充分發揮投資對經濟發展的帶動作用，形成新增長點。

在新一輪科技革命和產業變革加快的背景之下，發展數字基礎設施將帶來巨大的投資需求，有效推動企業及全社會的數字化轉型，並在此基礎上迎來消費的轉型升級。例如，5G基礎設施的不斷完善直接推動了網絡通信、人工智能等新技術和新產業的發展，拉動了智慧交通、智慧能源等新應用場景和新商業模式的快速迭代。工業互聯網的融合應用在「十三五」期間已經賦能了 30 多個國民經濟重點行業，推動智能製造、個性定製、數字管理等新業態加快發育壯大。截至 2020 年年底，中國已建成或在建的「5G+ 工業互聯網」相關項目超過1100 個。雲計算的巨大張力強有力地支撐了眾多企業的數字化轉型，在新冠肺炎疫情的催化之下，雲計算成了阿里、騰訊等各大互聯網企業搶灘佈局的重要領域，迎來了新一輪井噴式發展，2020 年，中國雲計算在全球市場的份額進一步擴大，佔全球雲計算市場規模的 10%。

（三）為縮小地區間經濟差距提供強大動力

在國家鄉村振興、脫貧攻堅等戰略規劃引導下，部分落

後地區開始承接數字經濟相關企業轉移，部分數字經濟企業則通過提供網絡信息服務和數字公益行動惠及眾多貧困羣體，為縮小地區間發展差距提供了強有力的支撐。

一方面，數字經濟的紅利可以通過數據的轉移釋放到貴州、內蒙古等經濟相對落後的地區。部分西部地區已經建成一體化大數據中心算力樞紐節點，較好地構建了國家算力網絡體系，有利於順利實施「東數西算」工程，緩解東部地區算力緊張但西部地區算力需求不足的不平衡的情況，進一步擴大國內市場。

另一方面，新型數字基礎設施建設對傳統的土地、資源等要素需求相對不強，更加重視新一代信息技術和應用場景的投入，給西部地區帶來了較大的新機遇。此外，網絡電商、移動支付、普惠金融、招聘平台等的普及應用正不斷縮小中國東西部地區的差距及城鄉差距，幫助西部地區的居民在家享受現代化，獲得享受更加平等的教育、消費、醫療等服務的機會，為西部地區的追趕式發展提供了人才基礎。

二、數字化公共服務水平明顯提升

（一）數字便民惠民水平顯著提高

受益於 5G、物聯網、大數據、人工智能等數字技術的飛速發展，社會公共服務的智能化、便捷化程度大大提高，人

民多層次多樣化的需求也得到了更高水平的滿足。近年來，教育信息化轉型加速，截至 2020 年年底，全國中小學網絡接入率提升至 100%，中國的大規模在線開放課程「慕課」，上線課程數量超過 3.4 萬門，學習人數達到 5.4 億人次，數量和規模已居世界第一。「互聯網＋醫療」快速普及，所有地級市共 2.4 萬餘家醫療機構加入遠程醫療協作網絡，共有 5595 家二級以上醫院提供線上服務，並同時打通了醫、藥、險等流程環節，顯著提升了人民在醫療方面的滿足感。基礎設施更加智能化，電力、燃氣、物流、交通等公共基礎設施的智能化水平大幅提升，同居民直接相關的城市運行管理實現精準化、協同化、一體化，城市公共服務水平也得到了明顯提升。

（二）科技創新服務體系不斷完善

世界知識產權組織發佈的《2020 年全球創新指數報告》顯示，中國創新指數全球排名已經躍升至第 14 位，較 2015 年的第 29 位有了明顯提升。近年來，在創新驅動發展戰略指導下，中國信息技術特別是數字技術的創新能力持續提升，國家重點實驗室、國家工程研究中心等創新基礎設施建設不斷強化，有助於數字經濟相關企業創新基礎能力提升的科研基礎條件明顯改善，營造了適宜數字技術快速創新發展的良好環境。

與此同時，中國的創新支撐水平不斷提升，知識產權保

護技術和服務不斷加強，於 2020 年相繼修改完善了《專利法》《著作權法》，明確提出要加強專利信息公共服務體系建設，並進一步明確了與數字技術應用相關的法律法規，為專注於數字技術創新的企業提供了法律保障。

（三）社會公共問題處理更加敏捷

在新冠肺炎疫情和數字技術快速發展的共同催化下，社會治理模式開始快速轉向敏捷治理。數字技術由於能夠記錄並分析社會公眾的各類行為數據，從而幫助政府對公眾的需求和行動進行預測，因而成為疫情期間蒐集發佈信息、調配緊缺物資和快速響應的有力的輔助工具。數字技術在助力社會公眾適應疫情防控常態化下的生活以及企業復工復產方面做出了巨大貢獻，高效運轉、精準服務、快速響應的社會形態已經初步形成。

三、政府引導、多元參與成為重要特徵

（一）中央政策高度重視支持

數據作為數字經濟的核心發展要素，具備非排他性和非競爭性兩個特徵，且數據使用的頻率和範圍與其創造的價值正向相關，這決定了數字經濟具有很強的正外部性，天然適合政府大力發展。此外，在數字技術已經步入加速創新迭代的快車

道的今天，數字社會建設的投入成本和門檻相對較低，且有助於形成高收益、發展速度快的經濟新業態，有利於形成一定的範圍經濟和規模經濟，更能為當地經濟發展注入源源不斷的動力和活力。基於此，中央及各地政府高度重視數字社會建設，除新疆、寧夏外的所有省（區、市）均出台了數字經濟專項政策文件，截至 2020 年年底，中國已出台 60 餘項同數字經濟相關的行動計劃或產業規劃，為中國數字社會建設提供了重要推動力。

以數字技術賦能鄉村振興為例，中央高度重視經濟欠發達區域的脫貧攻堅問題，2016 年以來，各地方各部門根據習近平主席關於網絡扶貧行動的重要指示精神，扎實推進網絡扶貧工作。截至 2020 年年底，貧困地區通光纖的比例提高到 98%，貧困地區不通網絡的問題得到了根本解決；在財政部、國務院扶貧辦等單位的扶持下，已經實現農副產品網絡銷售平台全面覆蓋 832 個國家級貧困縣。

（二）社會資源配置更加靈活

隨着數字技術的創新迭代，社會服務資源的數字化程度不斷加深。相較資本、土地、人才等資源要素，數據的配置方式更加便捷可控，在實時監測和動態調整規劃方面也更加靈活可行。

以數字技術助力勞動力資源高效配置為例，近年來，58

同城、智聯招聘等就業平台陸續湧現，拉近了招聘者和求職者之間的距離，大大減小了招聘市場中的搜尋摩擦。此外，企業的用工模式也在不斷更新，中國勞動力市場衍生出了共享經濟、電子商務等新型靈活的就業模式，出現了一系列新形態的工作崗位。在此背景下，快遞、外賣、共享出行、直播電商等能夠吸納大量就業的一眾新業態新模式發展迅速並且得到了政府的大力支持。例如，在新冠肺炎疫情暴發初期，受防疫管控影響，線下屬性較強的實體餐飲、旅遊等文化娛樂休閑服務業受到巨大衝擊。不少線下服務業企業面臨大量員工「閑置」的困擾，各項成本激增，而與此同時，外賣、跑腿等行業卻面臨勞動力短缺的問題，共享員工模式便應運而生，並逐漸從線上零售行業推廣至製造業，逐步成為靈活用工的新模式。

（三）共建共享新格局逐步形成

一方面，各種數字傳播渠道的普及推動了人民羣眾深度參與數字社會的建設。人民羣眾不僅能夠在日常生活中提供行動數據供政府參考，幫助政府明確數字社會的優化方向，還可以在意見表達階段隨時貢獻智慧，為數字社會建設出謀劃策。此外，人民羣眾還可以通過互聯網充當社會服務者的角色，與政府共同承擔公共服務的供給任務，共同推進社會的數字化轉型。

另一方面，科技企業也正陸續加入數字社會的建設當

中。與美國憑藉人才、技術、金融及互聯網霸權優勢發展數字
經濟的路徑不同，中國數字經濟發展遵循了以數字技術應用和
商業模式創新為主導的模式，眾多科技企業恰恰是技術應用和
模式創新的主力軍。共建共享的新格局正在通過多元化的供給
方式不斷激發市場活力，推動中國經濟社會高質量發展。

第二節　發展趨勢

近年來，數字技術和實體經濟深度融合，貫穿了人們的
生活、學習、工作等各個方面，催生了教育、醫療、家政、文
旅等諸多社會服務領域的新需求。當前，以智慧教育、智慧醫
療等為代表的數字化應用新場景不斷湧現，智慧城市和數字鄉
村建設發展如火如荼，均有助於促進社會服務向數字化、網絡
化、智能化轉型，實現多元協同發展，更好地滿足數字時代下
人民對美好生活的新需求。

一、生活方式數字化變革明顯提速

（一）基礎消費數字化

1. 日常消費

突如其來的新冠肺炎疫情顛覆了人們過去的消費方式，

數字技術的進步同步推動了網絡購物的發展。2020 年，中國電子商務交易額增長到 37.2 萬億元，相當於全年 GDP 的 1/3；其中全國網上零售額達到 11.76 萬億元，佔社會消費品零售總額的比重將近 1/4。當前，中國網絡購物發展呈現出線上線下緊密結合、縱深化與專業化齊頭並進、服務型消費強勢上揚等主要趨勢。

一是線下體驗線上購買支付成為新趨勢。近年來，移動互聯網深度覆蓋，支付手段不斷完善，物流效率明顯提升，大數據處理能力顯著增強，各類數字技術快速更新迭代有力地推動了零售業態的革新和進步，以每日優鮮、美團買菜為代表的社區零售數字化進程日漸加快。線上線下全渠道購買模式集成了購買渠道和資源等各方的優勢，顯著提升了供需雙方的匹配效率，為消費者帶來了更加便捷的購物體驗。二是線上購物市場分類進一步細化。隨着數字技術的不斷進步，企業更有能力對消費者的個人信息進行分析從而開展精準營銷，向市場供給的商品種類也就更加全面，面向特定消費者的商品日益增多，專業化趨勢也更加明顯。三是服務型消費佔比明顯提高。消費者更加傾向於為體驗式商品等服務買單，特別是以醫療健康服務為代表的「商品＋服務」相融合的新型消費模式正在快速崛起。

2. 智慧教育

自「慕課」問世以來，傳統課堂的教學形態受到巨大衝擊，以「互聯網＋教育」、翻轉課堂等為代表的新型教學模式的發展迎來了爆發期，當前中國的智慧教育發展呈現出個性化、智能化、社會化三大特徵。

個性化方面，人工智能等數字技術將幫助構建更開放靈活的教育體系。如智能算法可以事先蒐集學生的學習行為數據，分析得出適宜學生的個性化學習方法，並根據學習進度進行動態調整，從而大幅度提升學習效率。智能化方面，線上線下融合的沉浸體驗式學習受到了廣泛關注。一批教育企業通過搭建虛擬仿真的學習場景，適配不同學習類型，真實、沉浸和交互的特點正在逐步強化。社會化方面，在學習型社會加快構建的背景下，教育公平得到了前所未有的重視，優質教育資源正以在線共享的方式加快拓展到教育水平相對落後的農村和邊遠地區，教育均等化正在加快推進。

3. 智慧醫療

在新冠肺炎疫情的催化之下，中國醫療健康數字化、智能化發展路徑日漸清晰，以「互聯網＋醫療健康」為代表的智慧醫療產業正保持加速發展態勢，預計「十四五」期間還將步入細分化、定製化的新階段。

一方面，新冠肺炎疫情下的防疫管控措施限制了患者現場就診，互聯網成為聯結醫生與患者的新平台，互聯網診療平台遠程診療和輔助診療類諮詢量在疫情暴發後增長明顯，2020年在線診療市場規模達 2000 億元，增幅超過 46%；另一方面，日漸完備的數字基礎設施有力地支撐了 5G、人工智能、大數據與雲計算等數字技術與醫療健康產業的融合滲透，國民健康檢測與管理服務、精準醫療等新型商業模式相繼湧現，分級診療制度取得突破性進展，一批智慧醫院還將在未來陸續建成，助力健康中國戰略加速推進。

（二）居家生活數字化

一方面，智能家居行業發展已經進入了以多終端協作連接為主的移動互聯網時代，智能化、節能化、網絡化和生態化發展趨勢帶動家電行業快速更新迭代。當前，眾多家電企業通過技術升級提升家居互聯性，綜合利用物聯網、人工智能等技術使家居設備具有遠程控制、互聯互通、自主學習等功能，實現用戶的日常生活與家居的有機結合，創造便捷、舒適、安全的家庭人居環境。隨着居民對美好生活需求的不斷提升，智慧家居已經成為發展新風口，引得眾多互聯網企業紛紛入局。

另一方面，數字化還可以賦能養老住宅設計，通過智能化設備的全面應用，為老年人提供更加便利的居家生活。智能

晾衣架、智能燈具、自動緊急呼叫系統等適老化互動智能產品極大地便利了老人的使用，最大限度地降低了老人的生活負擔，數字化場景更是讓居家養老變得更加方便溫暖。隨着中國的老齡化問題日益突顯，數字化的居家養老服務將迎來巨大的市場空間。

（三）旅遊休閒數字化

數字技術在文旅產業的深度應用極大地促進了數字文旅業態創新、模式變革和效能提高，進而提升了文旅產業整體的智能化、便利化水平。與此同時，人民對數字文旅產品的消費需求也在逐步增加，產業發展正呈現出數字化、多樣化、融合化的發展趨勢。

新冠肺炎疫情暴發以來，雲旅遊、在線展覽展陳等新業態快速增長，線上線下融合發展的網絡直播保持快速發展態勢，「直播＋醫療」「直播＋教育」「直播＋就業」等新型產業融合更是成為發展趨勢。數字化時代迎來了新的內容展現方式、新的渠道傳播方式以及新的互動交流方式，科技對文化和旅遊等相關產業的賦能作用得到進一步提高，持續推動文化內容消費和生產模式升級。在未來，5G、VR、AI 等數字技術還將快速發展，必將激發人民更新更廣泛的文化旅遊消費需求。

（四）交通服務數字化

共享單車、網約車、分時租賃等數字化的交通出行方式在大幅提升居民出行滿意度的同時，也有效地緩解了市政交通管控難題。多項政策文件也明確提出要建設現代化的綜合交通運輸體系，這將帶動智能交通行業迅速發展。

2020年以來，眾多科技龍頭企業積極佈局入場智慧交通領域。以百度、小米為代表的一批互聯網企業開啟了新一輪「造車熱」，深度滲入智能汽車領域，並着力推動智能汽車與交通、能源、城市等領域的融合發展，充分利用互網聯技術實現智能汽車與外界環境的互聯互通，培育融合新業態。其中，智能汽車與交通領域的融合發展進一步深化，交通信息採集系統、邊緣分佈式計算終端、交通管理雲控平台等智能交通領域融合基礎設施正在加快部署。當前，智慧交通以物聯網等車路協同感知技術賦能城市通信系統，通過建設實時反饋的動態信息服務體系，全面提升了城市運行效率，在未來仍有巨大的發展空間。

二、新業態新模式日益豐富

（一）萬物互聯技術深度應用

在數字技術全面賦能實體經濟，帶動社會轉型升級的今

天，數字感知基礎設施加速建設，基於網絡化邏輯的動態城市網絡體系正在快速形成，新一代數字基礎設施正向智能、高速、泛在、協同、安全的方向加快轉型。未來有望在城市管理、生活服務等領域，實現以高精度定位、數字孿生等為代表的全方位高水平的萬物互聯。

以智慧能源設施建設為例，當前以電力網絡為核心，多能協同、供需分散、交易開放的能源互聯網正在加速建設。而能源互聯網的建設離不開智能化能源運行監測體系，以及實現能源供需信息實時匹配的智能化響應，萬物互聯技術極大地支撐了能源的高效利用，並將助力實現能源生產、傳輸、消費等全流程的數字化、智能化轉型。

（二）生產工作方式更加靈活

互聯網技術在創造和催生新的工作崗位和工作內容的同時，也推動了遠程辦公等靈活工作方式的興起，助力新型就業形態加快形成。

一方面，以數字文化產業為代表的新興產業在疫情影響下成為增長新動能，直播、網絡文學、遊戲、電競等極大地吸納了靈活就業者，對全社會「穩就業」做出了巨大貢獻。此外，互聯網在全國特別是鄉鎮地區的普及，還為一批以小鎮青年為代表的勞動力提供了新的選擇，不必離開家鄉也能獲得數

字化就業機會，比如從事電子商務、雲客服、人工智能訓練師、社區團購運營、農業無人機操控員等職業。

另一方面，自主、彈性、靈活就業的工作方式更加普遍。以遠程辦公為例，由於遠程辦公可以打破地理限制，實現異地辦公，因此自新冠肺炎疫情暴發開始，遠程辦公用戶規模便持續高速增長。在新冠肺炎疫情防控常態化的背景下，越來越多的企業開始建立科學完善的遠程辦公機制。騰訊會議、Zoom 等在線會議軟件，以及石墨文檔等在線協作編輯程序等正越來越多地被使用[1]。

（三）社會服務方式日趨多樣

2019 年年底，國家發展改革委、教育部等七部門聯合印發《關於促進「互聯網＋社會服務」的發展意見》，指出要大力推進社會服務向數字化、智能化、多元化、網絡化、協同化發展。這是在「互聯網＋政務服務」提出後，向人民羣眾釋放紅利的又一重大舉措，有力地推動了社會服務新產品、新業態、新產業的快速發育壯大。近年來，新型穿戴設備、服務機器人、在線服務平台、VR/AR/MR 等新型數字化產品和服務

1　徐曉新，張秀蘭．數字經濟時代與發展型社會政策的 2.0[J]．江蘇社會科學，2021（1）：11-23．

研發層出不窮，同步課堂、遠程醫療、沉浸式運動、賽事直播、高清視頻通信社交等智能化交互式創新服務方式持續湧現，越來越多線上線下融合的消費體驗還將進一步豐富人民羣眾的日常生活。

三、智慧城市和數字鄉村建設加速推進

（一）智慧城市建設不斷優化

智慧城市建設的思路自 2008 年起幾經轉變，在經歷了各自為政的探索實踐階段、國家統籌的規範調整階段，以及系統整合的戰略攻堅階段後，進入了特色鮮明的全面發展階段。中國智慧城市建設遵循利用數字技術提升城市服務質量這一核心主線，服務對象和內容愈加廣泛，正處於從「城市數字化」向「數字化城市」轉變的進程之中，展望「十四五」，智慧城市建設將進一步向數字化、智能化、綠色化轉型升級。

1. 生活服務更加數字化

在數字技術創新協同聯動並與社會生活深度融合的背景下，5G、人工智能、雲計算、區塊鏈、物聯網等進入了實用化階段，新的應用場景不斷湧現，過去想像中的自動駕駛、遠程手術等正逐步拓展成為智慧交通、智慧醫療等更為廣泛的業態模式。與此同時，智慧城市也正逐步從零散的條塊信息化轉

向全面數字化，為城市居民提供更加精準、多元、即時的數字
化服務成為智慧城市建設的更高目標。此外，通過數字化管理
整合基礎設施和公共服務配套的社區「微基建」概念也開始逐
步進入大眾的視野，在未來將有效解決「最後一公里」問題，
進一步拉近城市居民和智慧城市建設之間的距離。

　　2.社會管理更加智能化

　　在基礎設施數字化轉型快速推進的有力支撐下，各省
（區、市）紛紛加快速度建設「城市大腦」，物聯網綜合管理
和應用體系建設加速推進，智慧城市的感知設施綜合利用水平
不斷提升，各類社會信息數據的收集、處理、分析正變得更加
高效，有助於進一步推動社會空間、物理空間和數字空間全面
融合。

專欄 4-1　智慧杆建設

　　當前，智慧杆已經成為新型智慧城市建設中的新一代基
礎設施。與傳統燈杆不同，智慧杆可以搭載 5G 基站、電子
屏、安防攝像頭、充電樁、溫度傳感器、環境質量監測儀等設
備，從而將通信、交通、安防、能源等多個行業部門的設備及
傳感器功能融於一「杆」，打造智慧感知網絡，運用在市政交

通、應急管理、資訊發佈等 30 多個不斷延伸的應用場景，實現對城市各領域的動態化、精確化管理，逐步成為智慧城市不可或缺的「末梢神經」。

深圳市在智慧杆領域雖然起步較晚，但其建設思路極具系統性，在理論指導和落地方面都具有較高的借鑒價值。深圳市在智慧杆建設初期，就一步到位將智慧杆建設上升到基礎設施建設層面，並於 2019 年領先全國出台了首個地方智慧杆建設標準，從結構功能、性能指標、驗收、運行管理、維護等方面制定了明確的規範標準，破解了智慧杆行業「有市場無標準」的難題。此外，深圳市還同時引入了華為、海康威視、大華等一批科技企業參與智慧杆生態建設，由深圳信息基礎設施投資發展有限公司全面負責，「國企投資建設，政府購買服務」模式正推動深圳市多功能智慧杆加速建設，擁有全面感知網絡體系的新型智慧城市有望在 2025 年年底前基本建成。

資料來源：根據網絡公開資料整理。

3. 城市運行更加綠色化

在碳中和、碳達峰「雙碳目標」戰略思想指導下，綠色化發展成為未來一段時間內的主旋律，可持續運營也成為智慧

城市建設的重要原則之一。當前，綠色節約的智能生態環保設施正在加速建設，全面覆蓋、協同智能的生態環境感知監測和預警體系正在加速推廣。作為「雙碳目標」實現的最大應用場景，智慧城市建設便可預見地成為「雙碳目標」順利實現的最好抓手。

專欄 4-2　低碳可持續的智慧城市建設（日本經驗）

日本是全球開展智慧城市建設較早的國家，自 2000 年加速推進國家 ICT 戰略開始，日本便依託其信息技術基礎，加速佈局智慧城市領域建設。作為一個自然資源貧乏、災害頻繁的國家，日本在推進智慧城市建設時更加注重能源管理和社區智慧化的發展，着重實現兩大目標——節省能源和低碳可持續發展。

日本智慧城市建設的主要優勢和特色在於低碳可持續。日本智慧城市建設以電力、煤氣、水道等公共基礎設施以及能源供給為基礎，藉助信息技術與智能技術對交通、農業、公共健康、建築等進行垂直整合，對城市設施、各類建築、物流等提供網格化智慧化管理，為居民提供高效的公共服務，同時着力解決能源、環保等城市問題，以實現其提出的「3E」標準

（Energy Security，Environment，Efficiency）。目前，日本在智慧能源、智慧城市等領域已具備較強的技術能力，包括區域能源管理系統（AEMS）、建築能源管理系統（BEMS）、家庭能源管理系統（HEMS）、基於區塊鏈的區域能源管理系統（REM）等，學習日本的先進經驗，也將有助於加快實現中國的「雙碳目標」戰略。

　　資料來源：根據網絡公開資料整理。

（二）數字鄉村建設全面推進

　　近年來，政府高度重視數字鄉村建設，並將鄉村的數字化轉型作為推動鄉村振興的重要抓手。在《數字鄉村發展戰略綱要》指導下，多項數字鄉村發展政策文件相繼出台，浙江、河北、江蘇、山東等 20 餘個省份已陸續發佈了關於數字鄉村發展的政策文件，計劃大力發展農業數字經濟，並積極統籌佈局，力爭通過建設完善數字鄉村更好地實現鄉村振興。

　　1.各地數字鄉村建設的前期探索打開了基本思路

　　自 2000 年中國信息化快速推進以來，各地方紛紛自主探索數字鄉村建設，為當下處於全面推進階段的數字鄉村建設打開了思路。「數字福建」和雲南「數字鄉村」項目是最早一批探索數字鄉村建設的項目，旨在建立信息網絡服務體系、縮

小數字鴻溝。這些有益的探索確定了數字鄉村發展的核心目標，為未來的發展探明了方向。

2. 農業農村信息化全面推進打下了良好基礎

當前，數字化建設已經成為鄉村振興的重要助力。近年來，農村地區數字基礎設施建設逐步完善，信息化水平不斷提升。截至 2020 年年底，全國共計建設運營益農信息社 45.4 萬個，累計培育村級信息員近 200 萬人次，為農民就新型農業經營主題提供公益服務 2.3 億次，農村網民規模達 3.09 億人，互聯網普及率提高到 55.9%。目前，全國共有 1300 個縣實現了電子商務全覆蓋，農村網上零售額增加至 1.8 萬億元，較 2014 年增長了近 10 倍，網絡扶貧成效顯著，為今後農村地區的跨越式發展奠定了堅實基礎。

3. 各類智慧應用的鄉村實踐積累了豐富經驗

近年來，鄉村數字治理發展水平明顯提升。「互聯網＋」的賦能方式日益融入了鄉村治理，形成了網絡化、數字化的鄉村治理運作模式。隨着鄉村信息服務不斷優化升級，以及廣大農民對美好生活的需求水平快速提升，鄉村居民日常工作生活中的消費、支付、身份認證等活動正加快向網絡化和移動化發展。可以預見，未來數字技術的應用場景還將進一步拓展深化。

第三節　面臨的主要問題

　　中國數字社會建設雖然已經取得階段性進展，但仍面臨基礎設施建設不平衡不充分、數字化城鄉建設有待加強、數字鴻溝依然存在等諸多問題，亟待解決。

一、數字基礎設施建設不完善不平衡

（一）信息基礎設施集約程度不足

　　數字社會的智慧化建設離不開新型基礎設施建設的完善，但在實際建設過程中還需根據實際情況適渡推進。目前，很多鄉鎮雖已沒有發展動力，卻以戶籍人口作為發展基礎，參照縣城功能進行建設，而超規模建設基礎設施過於貪大求全，一定程度上必然導致數字基礎設施閑置，浪費大量資源。與此同時，城市的新型數字基礎設施建設「重建輕用」現象也依然嚴重，其中，大數據中心無序重複建設、數據及設施資源共享程度低的問題尤為突出。

　　當前，新型數字基礎設施建設呈現出孤島式發展狀態，數據中心建設規模迅速擴大，但國內整體佈局不均衡。由於智慧城市建設對數據規模的要求較高，在「上雲用數賦智」等國家戰略引導下，多個省份爭先規劃佈局建設數據中心，自建自

用的模式在一定程度上造成了算力資源浪費，降低了服務效能。而數據中心的低水平運營，又導致資源無法充分發揮價值，背離了建設數據中心促進經濟社會集約高效發展的初衷。

（二）融合基礎設施有待豐富深化

一方面，融合基礎設施的應用場景有待進一步探索。目前，電子商務、移動支付等互聯網應用的市場化程度已經相對較高，發展狀況也相對較好，但數字技術在行業應用的廣度和深度上還存在明顯不足，與實體經濟融合較少的問題尤為突出。此外，當前數字技術同實體經濟特別是基礎設施的融合不夠深入，融合基礎設施的利用率也有待提升。

另一方面，傳統基礎設施的智能化升級相對緩慢，系統互聯、數據互通和設施共享的目標還停留在紙面。由於信息產業「重硬輕軟」現象嚴重，一批基礎軟件的技術質量與國際先進水平存在差距，軟件系統的可靠性無法得到保障，導致信息產業發展缺乏核心基礎，融合基礎設施建設進一步完善的方向尚待明晰，遲滯了中國數字社會的建設步伐。

（三）創新基礎設施數量相對較少

微觀經濟學中的生產理論認為，提升科技含量是企業獲得超額利潤的重要途徑，而科技含量的提升離不開理論創新，理論創新的突破又離不開創新基礎設施的巨大支持。

近年來，在創新驅動發展戰略指導下，中國信息技術創新能力持續提升，國家重點實驗室、國家工程研究中心等創新基礎設施建設明顯提速，但科研數據、算力、存儲設施等的配置和網絡化共享機制仍有待加強，三、四線城市和部分相對落後的城鄉地區的企業機構難以像北京、上海等地區的機構一樣享受到公共基礎設施的資源服務，區域間數字技術差距存在進一步擴大的風險。此外，同國際水平相比，中國跨學科、跨領域、跨區域、跨主體的創新共同體相對欠缺，創新基礎設施的國際化程度也相對較低，在融入開放共享的國際科研網絡方面還有待加強。

二、數字化城鄉建設仍需進一步優化

（一）政策設計及協同推進相對較弱

第一，頂層設計和統籌規劃有待完善。近年來，中國各級政府投入了大量的財力物力推進智慧城市建設，但在全局建設方面相對較弱。如在疫情防控中，就暴露出了各部門各自為政、跨部門協同難度大、存在「數據孤島」等問題，提示我們應對未來智慧城市建設思路進行調整。

第二，區域發展同質化問題有待解決。不少地區並未結合當地產業發展和人口結構的實際情況進行差異化發展，導致

城鄉數字化建設大同小異，數字化有餘但智慧化不足，在建設過程中存在簡單模仿標杆地區從而同質化嚴重的現象。

第三，已出台政策的落地程度有待提高。首先，當前國家層面出台的與數字社會建設相關的政策總括性較強，實操性相對不足，很難落實到縣區一級。其次，全國各地政策推進和落實速度不一致，部分補貼政策體系不健全、效果不明顯，一定程度上加劇了重複建設，導致了資源浪費。最後，當前政策落實之後缺乏相應的評價體系來衡量成效，且數字化建設往往需要針對社會的發展需求進行及時的動態調整，滯後的反饋機制會制約數字社會的建設。

（二）社會資本參與程度有待提升

當前中國數字基礎設施建設過程中建設資金需求量大但社會資本投入不足的問題突出。政府引導、企業為主的投資格局尚未形成，一定程度上制約了智慧城市和數字鄉村的進一步建設。

一方面，投融資主體相對單一。由於數字基礎設施建設特別是數字化城鄉建設的投資金額較大，且投資周期相對較長，除政府外，投資主要來自移動、聯通、電信三大運營商和一些國有企業，總體來看，民間投資較少且活力不足。另一方面，市場化的投融資模式和渠道還有待完善。現行的 PPP 模

式在收益共享和風險分攤機制方面尚不健全，以銀行貸款為主的相對單一的融資模式對社會資本的吸引力較低，加之尚未形成穩定的盈利模式，投資風險大且盈利空間有限，社會資本整體進入意願不強。

三、數字化帶來的數字鴻溝問題日益突顯

（一）不同區域間數字化程度存在差異

北京、上海、廣州等經濟領先地區的信息化發展水平明顯高於其他地區，相比之下，仍有部分偏遠地區尚未完全接入寬帶網絡，導致數字社會建設中仍然存在盲點和盲區。

此類數字鴻溝具體表現為接入鴻溝。目前，相當數量的城市已經全面步入數字化轉型新階段，部分處於領先梯隊的智慧城市發展邏輯已經在從建設向運營轉型。但也應看到，還有一批三線至五線城市尚未結束建設階段，發展相對滯後，這些地區的民眾由於無法接入數字網絡，因此在信息可及性層面和生活在寬帶建設相對完善、網絡終端等硬件條件有保障的地區的民眾存在差異。

（二）人羣間數字技術普及度顯著分化

數字技術具備非競爭性的特徵，在能夠使用互聯網的前提下，落後地區的用戶也可以獲得與發達地區的用戶相同的信

息。然而，仍有部分居民因為數字技能或知識有限，無法順利使用數字技術，此類非網民羣體常常在出行、消費、就醫等日常生活方面遇到不便，從而無法充分享受到社會數字化智能化轉型帶來的便利。截至 2020 年年底，中國非網民規模為 4.16 億人，從地區上看主要集中在農村地區，從年齡結構上看主要為 60 歲以上的老年羣體。

此類數字鴻溝具體表現為使用鴻溝，即能否掌握使用數字技術的知識。以數字化養老為例，目前仍有不少城市缺乏統一的信息標準和規範的管理機制，在數字化居家養老技術應用過程中存在不夠精準和智能的問題，大大加重了護理人員的工作負擔。這就需要通過降低數字設備的操作難度，或是加強對護理人員和老人的設備使用培訓，幫助其跨越使用鴻溝。

（三）全社會高端數字化人才相對缺乏

同美國等發達國家相比，中國擁有龐大的人口規模，在發展以商業模式創新為主的消費互聯網經濟時具備較大優勢，而在發展以技術創新為重要推動力的工業互聯網方面卻相對較弱，主要原因就在於中國高端數字化人才和複合型人才相對缺乏，在獲取數字資源、處理數字資源以及創造數字資源等方面同世界先進水平還有較大差距。

此類數字鴻溝具體表現為能力鴻溝，主要存在於國家與

國家之間，且將隨着信息領域核心數字技術研發水平的提升而快速擴大，從而加劇全球發展的不平衡。數字技術較為落後的發展中國家會受制於自身對數字資源的使用能力，難以實現從數字消費國到數字生產國的轉變，進而在全球數字經濟紅利分配過程中處於被動地位。

第四節　政策建議

在分析研判中國當前數字化轉型的情況及趨勢的基礎上，結合目前中國數字社會建設面臨的問題，我們建議從以下四個方面入手，高質量推進數字社會建設，更好地支撐經濟社會的數字化轉型。

一、推動社會服務模式創新和均等化

（一）推動數字基礎設施共建共享

第一，強化統籌規劃，重點解決基礎設施無序建設、重複建設問題。一是加強研判，深入挖掘發展潛能，前瞻性地佈局一批基礎性的重大專項設施，統籌謀劃基礎設施建設方向和優先順序。二是協同推進智慧城市和數字鄉村相關的數字基礎設施建設，加快完善基礎設施的互聯互通標準規範，促進各地

數據網絡實現萬物互聯。

　　第二，重視基礎創新，深入推進新技術新應用實驗平台建設。一是發展研發和轉移轉化服務新業態。進一步推進科技孵化新業態的發展，提升科技產業園、眾創空間、孵化器、加速器、獨角獸牧場等各類載體的發展質量和支撐作用。開發羣體智能技術，支撐平台經濟新業態發展，充分利用互聯網工程科學知識盈餘，發展在線技術市場和在線科技服務。創新大科學裝置等重要裝置儀器的共享服務，培育品類多樣、交易便利的科研儀器服務市場。二是加快建設基礎科研數據服務體系。加強材料基因組、生物細胞、生態環境、人口行為信息、人體工學等基礎數據的數據庫建設與維護。探索基礎數據的開放共享機制，提升基礎數據應用於研發創新的服務能力。

　　第三，優化共享機制，着力提升數據及基礎設施資源共享水平。一是推進一體化大數據中心體系試點建設，依託互聯網龍頭企業，建設一批大數據存儲中心，提高公共數據的開放共享程度。二是規範發展公共雲平台市場服務體系，推進各類產業互聯網平台的設施聯通共享。三是積極建設算力基礎設施，支持先進智能計算平台建設，進一步拓展大數據服務。

（二）推動數字化公共服務普惠應用

　　提升公共服務資源數字化水平。充分運用各類數字技術

收集、整合、分析處理城鄉運行發展的各類數據信息，積極推動各類公共數據資源開發利用及共享開放，通過數字化和智能化的分析處理改善城市、鄉村、健康、教育、公共安全、金融等領域的民生服務，進一步提升公眾生活滿意度。

推動數字化公共設施建設和開放。構建滿足時代要求的場館設施體系。全面提升圖書館、美術館、文化館、體驗館、體育館、旅遊景區的數字化、智能化水平。建設場館數字化管理平台，打造智慧場館服務體系，實現全流程數字化管理，挖掘數據要素價值。建設數字孿生場館，全面革新服務業態，提升現場服務水平，提供響應快速的個性化服務。

（二）擴大優質社會服務輻射範圍

第一，提高供給質量，不斷提升公共服務供給水平。進一步推動數字技術與教育教學深度融合，提升教育服務的質量和水平。構建適應跨界融合特徵的健康醫療行業監管體系，推進人工智能等技術與醫療健康產業不同機構、不同服務、不同疾病治療及保健的融合，加快醫療保健產業各領域、各環節的數字化轉型。加快數字技術在公共文化服務和傳播媒體中的應用，打造一體化數字文化生活服務，提高公共文化服務效能。

第二，擴大有效供給，通過與互聯網等新型數字技術深

度融合，推動優質服務資源進一步延伸下沉。在教育方面，提升數字教育服務水平，加強數字教育產品開發和公共信息資源深度利用。着力推動城鄉基礎性義務教育一體化、均衡化發展，利用在線教育、遠程直播等數字技術手段，構建網絡化、數字化、個性化、終身化的教育體系，從而縮小城鄉教育差距，促進教育公平。在醫療方面，加快區域醫療中心建設。在醫療資源豐富的地區挑選一批優質醫療機構，同醫療資源短缺地區建立合作關係，培育一批高水平的醫學科研創新與成果轉化平台，打造一批以高水平醫院為依託的「互聯網＋醫療健康」協作平台，形成一批跨區域提供高水平醫療服務的專科聯盟。通過試點示範的方式大大縮小醫療水平落後地區同北京、上海、深圳等地的差距，大大減少跨省份、跨區域就醫現象，通過數字技術推動分級診療制度建設取得突破性進展。

第三，補強服務弱項，着力增加公共服務供給。一是全面放開養老服務市場，加快建立老年人綜合服務信息管理體系和智能感知服務平台，實現醫養結合信息化服務的有機統一，發展共享式醫養照護服務體系，創新服務模式，提高醫養服務資源利用效率。二是加快發展體育健身和休閑運動，綜合利用數字技術打通智慧體育各端口和節點的堵點，形成線上系統、線下場館、個人應用三維聯動的立體網格智慧體育體

系，提供體育場地、體育社羣、體育活動、體育指導、體質測試等多元化運動服務。三是加強優秀文化的保護和傳承，運用數字技術推動傳統文化資源數字化，強化科技型文旅產品體驗，加強文化產品開發和公共信息資源深度利用，進一步豐富人民日益增長的精神文化需求。

二、推動數字經濟新模式加快落地

（一）創新服務模式和產品供給

第一，推動數字需求進一步豐富。加強對大數據、物聯網、信息製造、創新應用等領域的重大平台、重大項目及核心技術攻關的支持，加快新興技術和產品應用場景打造，積極通過政府採購等方式創造早期市場。

第二，拓展數字時代下的消費新業態新模式。引導科研機構和企業加速數字技術的創新優化，加快新技術產業化應用迭代。例如，可以引導醫療相關企業大力開發大數據雲端和個人終端相結合的可穿戴健康監測技術，發展移動醫療服務應用，構建數字化、智能化、移動化的精準醫療服務體系。

第三，建立健全金融支持政策。支持龍頭企業、產業聯盟牽頭成立市場化投資基金，引導專項投資基金加速向數字經濟創新發展領域集聚，加強對數字產業關鍵技術攻關、新業態

培育和商業模式創新等方面的投資佈局。

（二）鼓勵社會力量參與社會建設

一方面，引導建立針對重點領域的持續投入機制。調整財政投入結構，強化財政資金在數字技術相關領域的基礎創新投入，以政府的政策引導和保障性資金投入為基礎，形成分階段、多形式的長期持續投入發展模式，進而撬動一批專項資金或社會資本投入數字社會建設。

另一方面，建立和完善社會多渠道支持格局。充分發揮市場和行業協會等社會組織的作用，積極調動企業和社會公眾廣泛參與數字社會建設，探索政府、企業、社會公眾多元協同建設新模式。與此同時，注重強化「互聯網＋社會服務」領域中與模式創新、內容創作、產品研發等相關的知識產權保護力度，鼓勵企業積極創新供給模式、加強產品研發。

（三）暢通各部門數據資源及渠道

探索創新要素高效配置新模式，通過數字化智能化升級推進數字社會加速建設，打造一體化的智慧公共服務體系，全面提升多部門協同監測和數據共享及處理能力。強化數據安全保障，在確保個人隱私等數據安全的前提下，制定社會服務領域數據共享、開放、流通和交易的法律法規和標準。在此基礎上，以政府購買等方式提供涉及敏感信息及數據的社會服

務，提升基於數據的數字社會公共服務水平。

三、進一步提升城鄉數字化建設水平

（一）提升智慧城市建設水平

第一，健全和優化公共服務體系，以提升人民生活品質，不斷增強人民羣眾的滿足感、幸福感為出發點，聚焦教育、醫療、住房、交通、養老等重點領域，不斷探索新型應用場景與需求，推進學校、醫院、圖書館、博物館等公共服務機構數字化，加大數字化的公共文化資源開放共享力度，推動數字化普惠應用。

第二，構建城市數據資源體系，加快市政、交通等傳統基礎設施數字化改造，提升傳統基礎設施智慧化水平。創新基礎設施集約化建設機制，推動新型基礎設施與傳統基礎設施共建共享、互聯互通。與此同時，探索數字孿生城市，推進城市數據大腦建設。以智慧城市作為載體，探索城市精細化管理及新業態治理模式。

第三，充分發揮智慧城市的創新試驗場功能。智慧城市發展可以與數字經濟相關產業的發展聯動，互相推進。產業的發展可以為智慧城市提供新技術新產品，而智慧城市的建設可以進一步拓展城市居民的消費需求，為數字經濟相關產業提供

消費市場，更可以成為新業態新模式的試驗場。基於此，建議在「十四五」期間，加快建設完善新型數字基礎設施，高效配置社會化數字經濟創新要素，引導大數據、人工智能、區塊鏈、物聯網等技術同實體經濟加速深度融合，加強產業鏈協同。藉助智慧城市建設契機，建立基礎堅實、創新活躍、開放協作、綠色安全的新一代信息技術產業生態，打造全球領先的數字經濟融合新高地。

專欄 4-3　上海市秉承「以人為本」理念打造數字社會

2021 年，上海市發佈《關於全面推進上海城市數字化轉型的意見》，明確提出要運用數字化方式探索超大城市社會治理新路子，堅持以人為本，引導社會各級共建共治共享數字城市。基於此，上海市在 2021 年聚焦與人民羣眾生活工作緊密相關的現實問題，針對數字化可以觸達並改變的羣眾需求痛點，重點推進了十餘項數字生活標杆型應用，切實提高人民對數字生活的滿意度，使數字生活成為提升「上海品質」的重要抓手。其中，生活數字化轉型重點建設場景包括便捷就醫少等待、為老服務一鍵通、快捷停車助通暢、數字酒店智管家、數字賦能示範校、智能出行即服務、數字商圈無憂購、一站服務

舒心游、數字社區生活圈、智慧早餐惠民心、民生保障貼心達。

　　與此同時，上海市注重對人和城市的全方位數字化賦能，以市民需求為發展基點，協同各個不同職能的政府部門匯聚資源，集成了就醫、康養、交通、政策諮詢、子女教育等一系列高頻服務。跨部門協同更帶來了跨領域的大數據交叉碰撞，有利於技術創新和產業變革充分釋放，從而在產業端推動數字經濟新業態新模式加速湧現，不斷豐富數字上海的創新生態圈。

　　資料來源：根據網絡公開資料整理。

（二）推動農村數字化轉型進程

　　第一，高度重視數字鄉村基礎設施建設。大力提升鄉村信息基礎設施規劃和建設水平，全面推進城鄉網絡一體化建設，統一數字基礎設施的規劃、建設、服務等標準。同時加大對傳統基礎設施的數字化改造力度，着力發展農田數字高清地圖、導航網絡、農業物聯網設備等數字基礎設施，開發自主控制的農業無人裝備，在提升鄉村居民生活水平的同時助力農業生產的數字化轉型。

　　第二，深入實施信息技術便民惠民行動。結合鄉村振興戰略的實施，加快鄉村教育和公共衞生服務的信息化轉型。同

時加快推進農村地區的數字普惠金融發展，在縮小同城市地區的數字鴻溝的同時，通過豐富金融應用場景、創新金融產品等手段提升居民收入，在實現鄉村振興目標的基礎上進一步緩解貧富分化問題[1]。

第三，扎實推進數字鄉村發展新業態。以數字技術賦能鄉村新業態融合發展，鼓勵農業與信息產業深度融合。基於各地地方特色，因地制宜發展信息化產業，鼓勵各類創業主體積極開拓「淘寶村」、體驗農業、觀光旅遊等新業態。

四、高度重視提升全民數字技能

（一）降低普及數字技術所需門檻

一方面，以軟件服務降低數字技術的應用門檻。引導企業研發推出更多智能化、人性化、標準化的產品及服務，更好地激發人民使用數字技術的積極性。此外，還可以通過多種數字工具降低數字技術的學習成本，如通過人工智能、VR/AR以及遊戲化等工具，提高培訓和課程內容的趣味性和個性化程度，更好地推動數字技術在全社會的普惠性普及。

1　沈費偉，袁歡. 大數據時代的數字鄉村治理：實踐邏輯與優化策略 [J]. 農業經濟問題，2020，490（10）：82-90.

另一方面，通過企業端的數字化工作流程提高工人對數字技術的使用程度。目前，仍有規模上億的農民工羣體在從事技能要求較低且收入較少的工作，少有時間或資金進行數字技能的學習，而數字化、自動化技術的進步和在工廠車間的應用正為工人提供機會。

（二）構建提高全民數字化技能的教育體系

《第 47 次中國互聯網絡發展狀況統計報告》顯示，截至 2020 年年底，中國網民規模達 9.89 億人，互聯網普及率為 70.4%[1]。近年來，數據要素的資源價值日益突顯，利用數據的數字技術正逐步成為新時代財富獲取的重要工具，對基礎科學的長期投入和數字科技人才培養的重要性也得到了越來越多的認可。

基於此，建議進一步健全數字人才培養機制，圍繞數字社會建設發展需要，實施知識更新工程、技能提升行動，探索建立創新型、應用型、技能型等不同類型人才培養模式。支持高水平研究型大學主動開展與提升學生數字技能水平相關的複合型交叉學科建設。深化產教融合、校企合作，探索中國特

1　中國互聯網絡信息中心. 第 47 次中國互聯網絡發展狀況統計報告 [R/OL]. （2021-02-03）[2021-08-19].http://www.cac.gov.cn/2021-02/03/c_1613923423079314. htm.

色學徒制，持續完善職業教育體制機制。支持高校與科研院所、行業、企業聯合參與建設國家級繼續教育基地，匯集多方優勢，開展數字技能繼續教育培訓。發揮在線教育優勢，深度開發國內外優質教學資源，培養更多擁有較強數字能力的專業人才，為未來中國數字經濟發展做好人才儲備。

第五章

數字政府建設：數字中國戰略的重要引擎

　　數字政府是數字中國建設的主要抓手和重要引擎。在新的發展階段，加快數字政府建設將助力政府部門實現高水平運行和提供高質量服務，從而更加高效地解決數字社會建設面臨的諸多問題與挑戰，對數字中國建設和數字經濟發展起到重大帶動作用。為此，結合中國國情特色，細緻梳理近年來數字政府建設的發展規律，分析研判當前數字政府建設面臨的問題和挑戰，探索構建更加智能化現代化的數字政府，已成為數字中國建設領域的一項重大課題。

第一節　發展特色及趨勢

　　隨着數字技術的快速發展和深入滲透，中國政府的建設理念正逐漸從建設型、封閉式、條塊化轉向服務型、開放式、一體化。近年來，中國政府以提升治理能力為核心目標，以技術創新、模式創新和制度創新為抓手，不斷提升政府

數字化水平，基於數據的協同治理體系也在不斷優化。

一、政府建設理念全面轉變

（一）由建設型政府向服務型政府轉變

近年來，「服務」「共享」「改革」「一網通辦」「放管服」「好差評」等熱詞頻繁出現在政府文件中，同過去「行政」「信息化」「效率」「管理」等側重政府效率提升的熱詞形成了鮮明對比。這一現象反映了中國數字政府建設的理念由以政府建設為中心全面轉型為以人民為中心，具體表現在兩個方面，即以公民需求為導向、高度重視公民的反饋和參與度。

當前，互聯網時代核心思想用戶思維已經廣泛滲入社會生活的方方面面，政府也愈加重視人民羣眾的想法感受，注重從民眾體驗的角度改進政務服務，並圍繞民眾的應用需求不斷拓寬民生服務範圍，努力提升人民羣眾在日常生活中的便捷感、安全感、獲得感和幸福感。與此同時，多地政府在數字化轉型的過程中開始將人民羣眾的服務體驗作為評判標準。例如，上海建立了政務服務「好差評」制度，全面接受社會監督；福建秉承「為民解憂，效率服務」的理念，切實做到「有呼必應、有訴必理、有理必果」，用企業和人民羣眾的評價幫助政府部門不斷提升服務質量。

（二）由封閉式政府向開放式政府轉變

隨着公民對社會公共服務需求質量的不斷提升以及服務型政府建設理念的不斷深化，政府的運行模式開始從相對封閉的自循環逐步轉向打造面向社會開放的數字化生態。這一轉變重點體現在平台思維和跨界思維的形成上。

傳統政府治理往往僅由政府部門統一生產公共產品和提供公共服務，並同時進行社會公共事務治理。隨着平台經濟等新模式新技術的廣泛應用，社會資源網絡化配置的效率不斷提升，市場、社會和廣大民眾都可以有效參與公共事務管理和公共產品與服務供給，各主體之間互動性更強，表現出大規模、實時化、自發性等具有平台屬性的協作特點。政府部門也可以根據社會各方的需求熱點，調整優化並擴展服務範圍，進一步提升公共產品與服務的質量和水平。政府、市場、社會通過跨界互動以及平台協作，高效協調各類資源進而實現價值協同，實現了公共領域的多方共治。

（三）由條塊化治理向一體化治理轉變

治理模式轉變是政府數字化轉型的另一個主要特點。在數字時代，公眾需求呈現出大規模、實時化、個性化的特點，與此同時，以分佈式、高度互聯、快速迭代為特點的數字技術廣泛且深入地融入了社會生活的方方面面，給各部門各地

區各自為政的傳統政府治理模式造成顯著衝擊，並進一步推動政府治理從分散轉向集中、從部分轉向整體、從破碎轉向整合。目前，政府的建設和治理邏輯正從層級式、分散式、串聯式向扁平化、一體化、並行化加快轉變[1]，構建整體政府、協同政府已經成為政府數字化轉型的主要目標之一。

自 2018 年國務院辦公廳印發《進一步深化「互聯網＋政務服務」推進政務服務「一網、一門、一次」改革實施方案》以來，政府建設任務從以往強調縱向業務系統建設轉變為強調橫向聯通能力的培養提升，政府治理模式也實現了從單一部門各司其職向多部門協同開展工作轉變，即由條塊分割的治理模式轉變為全局部署、平台化協作的治理模式，使得政府機構更精簡，日常辦事流程也更簡化。

二、各類改革創新加速推進

（一）技術創新

當前，新一輪的科技發展和技術變革方興未艾。以雲計算、大數據、人工智能、移動互聯網、物聯網、區塊鏈等為代表的數字技術在快速更新迭代的同時，正日益成為新一代通用

1　馬長駿. 把握數字政府建設的理念變革 [EB/OL]. （2018-08-27）[2021-08-19]. http://www.cac.gov.cn/2018-08/27/c_1123333481.htm.

型技術並加速向社會各領域全面滲透。其中，雲計算和大數據技術在多地政務雲建設過程中被廣泛運用，人工智能、移動互聯網和物聯網技術為智慧城市建設提供了有力支持，眾多數字技術通過與實體經濟的深度融合成為數字政府加快建設優化的核心動力，為政府部門提供了包括數據計算與存儲、應用支撐、信息安全保障在內的諸多服務。

以數字財政為例，首先，數字化技術可以精準有效地匹配財政資金和社會公共服務需求，大幅提升公共資源的配置及使用效率。其次，政府可以將民眾的稅收信息系統和銀行、戶籍等信息系統對接起來，通過降低信息不對稱來優化稅收制度，有效緩解稅收的公平和效率難題。再次，數字技術在轉移支付和各級財政補助發放過程中帶來了巨大的效率提升和成本節約，政府和社會對財政資金運行的實時監測成為可能，大大保證了財政資金使用的安全、高效、公平。最後，數字孿生技術等政策仿真模擬可以在數據層面和模型與算法層面幫助政府部門優化財政分配機制，更好地以各方共贏和社會福利最大化為目標進行科學的調控，前瞻性地為政策制定者和決策者提供更多的政策選擇，有助於提高財政政策績效。

（二）模式創新

在數字技術不斷突破的有力支持下，中國數字政府建

設進入了快速發展階段。以政務雲為基礎，暢通 PC 端和移動端，連接民眾、企業、政府三大羣體，能夠實現省、市、縣、鄉四級聯動的「一雲兩端，三羣四聯」模式已在先進地區的數字政府建設中有所體現。該模式將為後發地區數字政府建設提供借鑒，並將得到進一步的完善和推廣。

經過創新優化的數字政府建設模式不僅顯著提高了政府效率，還擴大了公眾參與範圍，社會治理水平也得到了明顯提升。政府運作模式在數字技術賦能下持續創新，傳統政府和電子政務的融合更加深入，線上和線下的政務服務有效銜接、相互補充，有力地拓展了實體政府的服務範圍。與此同時，遠程監管、在線服務、協同治理等新模式正逐步應用推廣，進一步延伸了政府治理的邊界，推動了政府服務質量和治理效率的提升。

（三）制度創新

政府數字化轉型中實現的制度創新主要表現為分享協作、高效協同的機制創新和業務重構、組織再造的體制創新[1]。

在機制創新方面，近年來，市場配置資源的制度體制不

1　陳國青，曾大軍，衛強，等 . 大數據環境下的決策範式轉變與使能創新 [J]. 管理世界，2020（2）：95-105.

斷優化，政府的職能正逐步從行政權力的有效配置轉向數據資源的有效運用，眾多省份相繼成立獨立的大數據管理部門，以數據統籌治理為抓手，大力推動跨地區、跨部門的政務數據打通及共享共用，多方互動、整體協同逐步成為數字時代下政府機制創新最重要的特徵。在體制創新方面，多地在數字政府建設過程中加快轉變政府職能，進一步深化行政體制改革，營造適合各類經濟發展的良好環境。如廣東的「政企分開，管運分離」模式、浙江的「最多跑一次」模式，以及北京和上海的「一網通辦」模式，均有效地推動了流程重塑與政府重構。

三、政府數字化程度顯著提升 [1]

（一）數字政府建設取得積極進展

隨着數字技術與政府治理深度融合發展，中國數字政府建設取得了積極進展，建設過程主要經歷了以下四個階段 [2]。

1. 電子政府

2001 年之前，政府的信息化建設主要表現為電子化、無紙化辦公以及政務信息化，典型應用包括電子郵件、政府內

1　本部分參考了以下資料：國脉研究院. 數字政府白皮書 2.0[R/OL].（2020-01-07）[2021-08-19].http://echinagov.com/report/271760.htm.

2　張建鋒. 數字政府 2.0 數據智能助力治理現代化 [M]. 北京：中信出版社，2019.

網、政府門戶網站等。在這一階段，政府部門以提升辦公和管理效率為主要目標，立足於政府服務方式的技術化「改良」，藉助計算機、服務器等硬件設施，在發佈政府信息、提供公共服務、市場監管和回應人民的各項意見建議等方面重點發力，在一定程度上提高了政府的工作透明度、公共服務績效和影響力。這一時期主要推進的政策工程包括「三金」工程、政府上網等信息化工程，均以政務內網為基礎。

2. 網絡政府

從 2002 年起至 2015 年，數字政府建設步入了網絡政府階段，數據化是這一階段政府數字化轉型的關鍵詞，政府在此階段以建設數字化的政務系統和大廳為主要目標，利用物聯網、雲平台、Web2.0 等數字技術強化了人、物、內容和服務的連接能力，實現了線上化與業務協同等業務演進，是政府數字化轉型的起點。同第一階段的電子政府相比，此階段的數字政府的內涵更為豐富，更加強調「數據化」，政府的功能從過去的信息公開全面轉向政務服務供給以及與民眾互動交流，如各地一站式政務服務大廳正加速向線上運作轉型，「市長信箱」等與民眾互動的渠道也更加暢通。隨着社交媒體和移動互聯網加速普及，越來越多的電子政務開始向移動政務模式轉型，政府管理和公共服務也進一步轉向移動端。

3. 數字政府

2015 年起，政府以優化服務模式和改善民眾體驗為建設目標、以數據的整合與共享為驅動力開展數字化轉型工作，數據上雲、匯聚與融合創新成為這一階段的主要特徵。在大數據、雲計算等數字技術的賦能之下，地方政府部門相繼開發上線「粵省事」「隨申辦」「鄂匯辦」等政務客戶端應用軟件，城市管理等政府治理場景快速擴展，政務民生等公共服務場景不斷升級，政府服務和數字化供給水平得到全面提升。

4. 智慧政府

現階段，中國數字政府建設正向智慧政府不斷演進，由數據化到智能化的發展路徑日益清晰。政府以拓展智能創新應用為建設目標，在人才培養、工程實踐、研究開發、數字治理、技術交叉等各領域綜合發力，探索利用區塊鏈和 VR、AR 技術，通過應用創新進一步驅動傳統政務業務開展流程改造和創新。未來，政府的服務將更加精準化智能化，服務方式也將從被動式供給向主動式提供加快轉變。

（二）各地區數字化轉型各具特色

在中國數字經濟快速發展的背景下，各省（區、市）數字政府建設呈現良好態勢，根據發展重點不同可劃分為以下四種模式。

1. 浙江模式

一直以來，浙江省在其公共數據平台的支撐下，將數據共享模型和業務協同模型方法貫穿到政府數字化轉型的各個方面，為當地數字政府建設打下了良好的數據基礎。在此背景下，浙江省長期秉持以數據開放驅動政府創新的發展原則，以數字化轉型為牽引、以精準化治理為抓手，進一步推進數據共享和流程優化，由點到面全面鋪開，將「最多跑一次」改革進行到底，撬動各個領域改革，全力建設「整體智治、唯實惟先」的現代政府。

2. 杭州模式

杭州市早在 2000 年就提出了「構築數字杭州，建設天堂硅谷」的戰略目標，並於 2017 年率先組建數據資源管理局，推動數據資源在政府管理與社會治理領域的應用，同時加快推進城市數據大腦等重大項目建設。目前，杭州市數字治理已經深入到包括街道治理、社區管理等社會治理的方方面面。近年來，杭州市以數據融合為突破口，打造數字化平台型數字政府，實現城市治理向「城市智理」升維。2021 年 3 月，杭州市發佈了《關於「數智杭州」建設的總體方案》，進一步明確了以城市大腦對接黨政機關整體智治、數字政府、數字社會、數字法治，支撐數字治理第一城建設的發展路徑。

3. 廣東模式

廣東省依託大數據、政務雲、政務網三大先進信息基礎設施建設工作，重點打造政務雲平台、政務大數據中心、公共支撐平台三大基礎資源平台，結合高頻業務場景，推出廣東政務服務網、協同辦公平台、「粵省事」移動民生應用三大應用，並以集約政務服務建設「指尖辦」為目標，自上而下統籌建設，以機構改革為突破口，着力打造集約化整體型數字政府。

專欄 5-1　廣東省數字政務建設特色

廣東省依託一體化在線政務服務平台數據共享、電子證照、電子印章等基礎支撐能力，截至 2020 年 12 月 31 日，已在近 24000 項高頻服務事項辦理過程中實現電子證照關聯，大幅提升了企業和羣眾的辦事效率，全省累計簽發 2377 種共 5.4 億張電子證照，實現 45 種個人、42 種法人常用證照全省覆蓋。結合「粵省事」和「粵商通」等移動應用服務平台建設，將企業和羣眾最常用的駕駛證、社保卡、出入境證和營業執照等電子憑證集中管理。同時，省內各市加速推進數字政府建設：深圳着力發揮「最互聯網城市」優勢，在數字政府建設中努力構建以「一圖全面感知、一號走遍深圳、一鍵可知全局、

一體運行聯動、一站創新創業、一屏智享生活」為目標的數字政務服務環境；廣州已打造出一個全國領先的「智慧政務」平台，在數字政府建設的框架下實現了政務數據高度共享、涉企審批事項高度整合、政務服務各環節與所需數據高度對接；佛山搭建了統一政務服務平台，以 App 的形式將不同的政務辦理功能統籌起來，打破信息孤島，提供一站式高度便捷的政務服務，以及基於大數據的定製化個性化業務推送。

資料來源：廣東省數字政府改革建設「十四五」規劃。

4. 京津冀模式

京津冀三地在數字政府建設方面堅持協同發展，高度重視提升社會服務質量，在行政審批改革和「互聯網＋政務服務」領域取得了明顯成效。其中，北京市堅持「貼心服務、用戶第一」的理念，以政務服務為突破口，深化政務服務資源整合共享，着力建成全市統一的「一網通辦」總門戶，不斷提升人民羣眾滿意度，更好地利企便民，營造一流營商環境。

四、基於大數據的協同治理不斷優化

（一）數據開放共享取得重大突破

近年來，中國數字經濟發展迅猛，各個行業企業數字化

轉型步伐不斷加快，隨着 5G、人工智能、物聯網等新型數字技術的快速普及和廣泛應用，公共數據資源迎來了爆發式增長。據 IDC 發佈的《數據時代 2025》預測，全球數據量將從 2018 年的 33ZB 增至 2025 年的 175ZB，增長超過 4 倍；中國數據量增速快於全球，預計到 2025 年將增至 48.6ZB，佔全球數據量的比例將由 23.4% 提升至 27.8%。

自 2015 年國務院發佈《促進大數據發展行動綱要》，將數據定位為國家基礎性戰略資源，並將大數據發展上升為國家戰略之後，大數據開始成為國家信息化發展的核心主題。習近平主席也明確提出：「要運用大數據提升國家治理現代化水平」，「要建立健全大數據輔助科學決策和社會治理的機制，推進政府管理和社會治理模式創新，實現政府決策科學化、社會治理精準化、公共服務高效化」。當前，大數據技術在社會服務與政府治理領域的應用集中體現為數據資源的整合共享，包括政府部門內部的數據開放共享，以及政府部門與社會的數據開放共享。

依託全國一體化的政務服務平台，中國政務大數據整合共享工作已經基本實現了「網絡通、數據通」的階段性目標，政務數據協調共享機制進一步健全，政府內部數據歸集共享程度明顯提高，公共數據開放程度也顯著上升。目前，中國已經

建成了人口、法人、就業、社保、社會信用、空間地理等一批基礎數據資源庫，並形成了良好的數據開放共享機制。截至2021年4月末，全國共計174個省級及市級地方政府上線了數據開放平台，其中省級平台共計18個，市級平台共計156個，為政府公共部門、企業、社會團體等形成協同治理提供了技術支持與保障，進一步鞏固強化了協同合作的現代化社會治理理念。

（二）一體化政務服務能力顯著提升

在數字中國國家戰略和國家第十四個五年規劃的指導之下，全國層面的數字政府建設進程明顯加快。與此同時，多個省（區、市）陸續發佈「十四五」數字化建設規劃，「大數據」「智能化」等詞也頻頻出現在各個城市的基層治理方案當中，各地的數字政務服務水平也在加速提升。

近年來，以國家政務服務平台為總樞紐的全國一體化政務服務平台建設效果顯著並逐步發揮作用。目前，32個省級政務服務平台和46個國務院部門政務服務平台已經與國家政務服務平台全面對接，全國一體化的平台標準規範體系、安全保障體系以及運營管理體系基本建成，助力政府治理能力獲得大幅提升，為加快推進數字政府建設提供了強有力的支撐。

（三）社會各方積極參與社會治理

大數據具有信息體量大、種類繁多、處理速度快等特性，能夠快速且最大限度地獲取最廣泛的基層羣眾的不同訴求信息，形成更為精細的管理方式，為基層治理提供高可信度的信息樣本。社會各方針對數據價值的挖掘和應用已經成為精細化治理和個性化服務的重要實現形式[1]。在治理對象全面數字化轉型和治理場景日趨複雜多樣的發展背景下，各類數字化企業和社會組織快速崛起並積極參與數字政府建設，「政策強監管，輿論強監督」的新型治理模式也使得人民羣眾能夠更好地參與社會治理，從而彌補政府技術和人員的不足，通過共建共享共治的協同治理模式加快推進國家治理現代化。

隨着現代數字技術的快速發展，經濟社會各領域的數字化轉型不斷加速，治理所需數據正從單一、靜態走向海量、動態。「媒體＋智庫＋產業組織」的大數據的運作模式初具雛形，即「媒體」作為聚合資源的樞紐節點，通過構建「智庫體系」作為自身價值支撐，同各類產業組織緊密合作，形成面向產業和社會服務的運營生態，使得政府部門能夠以量化的方式

---

1 周民. 關于加快推進數字政府建設的若干思考[J]. 信息安全研究，2020（6）：88-91.

把握社會公眾的公共服務需求，為前瞻性地開展國家治理現代化轉型工作提供了支持[1]。

以政務雲建設為例，中國政務雲經歷了多年的培育和探索，已經逐步進入全面應用的普及階段。在新冠肺炎疫情的催化之下，2020 年中國政務雲市場規模增長至 653.6 億元。當前，政務領域已經成為各大雲計算廠商爭相佈局、競爭最為激烈的領域之一，也充分體現了政府數據「政企合作、管用分離」的特徵。

第二節　突出問題

儘管數字政府建設正在如火如荼地進行，但數字化對政府組織結構和治理服務體系的優化作用還尚未完全顯現，資源共享難、互聯互通難、業務協同難等公共數據開發利用領域的相關問題依然突出，全國層面的政府部門縱橫聯動能力相對較弱，新時代下數字政府的職能定位還需與時俱進，等等。長期來看，中國的數字政府建設仍有較大的改進優化空間。

1　詹國彬．以大數據思維推進國家治理現代化 [EB /OL]（2020-04-15）[2021-08-19]. http://www.cssn.cn/zx/bwyc/202004/t20200415_5114163.shtml.

一、公共數據開發利用機制有待完善

（一）整體建設和統一規劃仍需加強

一是數據中心佈局有待優化。目前中國數據中心還面臨着供給需求不平衡、能源利用不充分、建設佈局不合理等問題。當前，東部地區互聯網企業密集，數字政府建設相對較快，對數據中心的應用需求大，但由於數據中心在運行過程中需要消耗大量電能，電力成本過高，制約了數據中心的大規模建設；而西部地區雖然能源豐富且氣候適宜，但受限於網絡帶寬小、省際數據傳輸費用高，長期以來難以有效承接東部地區的需求。

二是數網協同發展有待提升。目前，中國數據中心、雲以及網絡之間尚未形成良好的協同聯動，國家樞紐節點內的新型數據中心集羣之間的網絡直連有待優化，跨網、跨地區、跨企業的數據交互相對較弱，同時仍有一批「老舊小散」數據中心的能源利用效率和算力供給能力亟待提升，網絡質量在支撐算力調度、服務新產業新動能方面仍有提升空間。

三是數據中心建設標準有待明確。自數據中心產業爆發式增長以來，相當數量的省（區、市）加快建設數據中心，並在建設過程中以體量和規模作為評估指標，忽視了數據中心利

用率、算力規模、能效水平、網絡時延等反映數據中心發展質量的指標，一些數字化轉型相對較慢的地區盲目上馬建設數據中心的現象仍然存在。為避免政府數字化轉型中存在的重複建設、各自為政的現象，同時最大限度地降低行政成本，亟須出台標準，儘早明確與數據相關的數字基礎設施建設規則。

（二）輔助決策和協調聯動仍需完善

政府的政策制定和統籌規劃離不開數據的輔助決策和各部門協同的支撐，而當前中國政府的權責歸屬和體制架構並未與時俱進，一定程度上制約了公共數據的開發利用，拖累了政務數字化轉型的進度。

在縱向部門高度集中和橫向部門分立的雙重架構制約下，政府跨部門的信息協同面臨巨大阻力，數據流動使用機制和治理結構機制不夠健全，導致政府總體的治理能力難以提升。電子政務階段的政府信息化更加強調業務導向，產生的大量數據信息均是信息系統的副產品，其作為資源的價值並未得到重視，導致眾多政府數據呈分散狀態。各個部門自上而下存在多種責任機制，「誰的數據誰負責」帶來外部問責壓力加大，嚴重挫傷了政府部門公開數據的積極性。此外，數據資源的無償共享和審批權力下放更是打破了原有的部門利益格局，導致部分利益受損部門不願參加數字化改革，甚至阻礙數

據等資源自由流動。在此背景下，政務數據的共享程度還有待提高，數據共享對接機制也仍有進一步完善和優化的空間。

（三）數字安全和數據利用仍需優化

政務數據是數字政府的「根基」和「底座」，具有權威性、專業性、全覆蓋、可追溯等特徵，在提升國家治理現代化水平方面發揮了重大作用。然而，當前數字安全問題日益突出，數據利用的具體操作規則、管理規範等還有待細化。與此同時，中國信息資源開發利用不足，數據無序濫用的現象也同時存在，數字政府普遍面臨信息孤島、系統重複建設、大數據應用不充分等問題，一定程度上造成了政府「不敢用」「不會用」的問題。

一方面，政務數據涉及大量的公民隱私信息，此前更是頻頻出現過度採集個人數據的苗頭性問題，引發了社會對個人隱私安全的強烈擔憂。近年來，《數據安全法》《個人信息保護法》等高標準嚴要求的法律法規相繼出台，表明了中國在對公民數據的管理方面呈現出以謹慎為主的發展趨勢。法律制度和技術手段的不完善直接制約了政府數據開放和利用的進程，一定程度上拖累了數字政府建設。

另一方面，政府對已經開放的政務數據的利用效能還相對較低，算法研究相對不足，政務數據的分析利用水平還有

待提高。儘管目前中國政府數據平台正在加快建設，2020 年有效數據集開放平台數量達 142 個，較 2017 年增長了超過 10 倍，但政務數據的利用成效仍然偏低，且有效應用領域主要集中在交通、旅遊信息查詢、公共服務等方面，在經濟領域的應用還相對較少，經濟賦能作用有待進一步加強。

二、政府部門縱橫聯動能力有待提升 [1]

（一）基層數字化轉型相對滯後

當前，數字政府一般由省級層面統籌，大多要求數字技術向上看齊、數據信息向上匯集，在形成完整的政策體系之後由點到面強制性推廣，常常出現數字項目建設未充分結合基層治理需要、難以解決實際基層治理問題等現象。

在規劃建設方面，部分市級、縣級政府在編制信息化建設規劃時未將鄉鎮街道及社區納入規劃設計範圍，導致一些地方盲目上馬智慧城市建設項目，與城市或轄區內公民的需求脫節，結果成本高、獲得感差、可持續性不強。在數據資源整合方面，農村等偏遠地區的數字基礎設施建設相對滯後，

1　中國信通院. 數字時代治理現代化研究報告（2021）[R/OL].（2021-03-02）[2021-08-19].http://www.caict.ac.cn/kxyj/qwfb/ztbg/202103/P020210302513072095209.pdf.

鄉鎮街道及社區的地理信息等基礎數據收集尚不完善，鄉鎮街道同各個部門政務信息系統的數據交換機制也有待優化。在數字項目落地方面，由於基層政府忽視配套使用政策的推廣宣傳、新老系統的切換等工作，使得一批數字項目成為面子工程，形同虛設。

（二）各部門協同運行不夠暢通

以數據治理體系為代表的政務數字化體系應該是整體相互關聯、長期動態協同的系統，但中國現行的數據管理和信息資源應用模式卻多呈現出條塊分割的特點，部門間、地區間「數據孤島」問題突顯，數字政府建設中的碎片化治理問題也仍然突出。

以財政大數據應用建設為例，早期國家為實現電子化政府設計並推廣了一系列大型信息化工程，其中，以金財工程為代表的「金字工程」主要由中央部委在其垂直管理的業務系統內部統籌推進信息共享和業務協同，雖然實現了垂直一體化，但橫向來看卻彼此割裂，各部門各地方之間難以溝通，呈現碎片化的格局，部分問題甚至延續到了今天。此外，在當前財政大數據應用系統建設過程中，地方和全國的技術標準不同，造成財政支出數據整合困難，難以實現全國層面的統籌分撥和及時反饋。例如，江蘇省先行發展已取得良好成效，但和

中央系統在統計口徑等方面不兼容，打通成本很高，難以自發實施。

（三）部分地區建設思路還需改進

從地理空間上看，當前中國東南沿海地區的省級政府數據平台已經相連成片，廣東、廣西、山東、四川以及浙江等省份及下轄絕大部分市均已上線了數據開放平台，而西南地區數據平台建設明顯相對落後，不同地域間發展不平衡現象日益突出，部分省份在數字政府建設方面存在重硬件輕軟件、重建設輕管理、重單項輕體系等問題。

以全國一體化政務服務平台建設為例，當前，一體化政務服務體系建設還面臨着政務服務標準化、規範化和便利化仍需推進，數據共享和業務協同有待加強，政務服務的線上線下融合尚需深化、高頻政務服務事項尚未實現「一網通辦」等問題。這反映出在數字政府建設過程中仍需持續深化全國一體化的平台建設思路，不斷更新迭代軟件等應用技術支持，通過加強對政務服務平台的管理促進數字政府整體轉型升級。

再以健康碼在全國的推廣為例，新冠肺炎疫情暴發初期，各個城市依託本地自主開發的健康碼小程序進行防控治理，不同地區間健康碼在界面展示、程序入口、數據管理要求等方面存在較大差異。在全國統一的健康碼已經推出的背景

下，各地在防疫實踐中仍習慣使用本地健康碼，給居民出行及行業監管帶來了一定困擾，體現出各個地方重視本地數字化建設而忽視全國一體化聯動治理的傳統思路。

三、數字政府的職能和作用有待明確

（一）數字技術給治理體系帶來衝擊

數字經濟時代，數字技術催生的工業互聯網、共享經濟等新業態新模式在發展過程中涉及多部門協調，原有的信息傳遞規則被打破，信息和數據由單向傳遞轉變為多中心傳播，極大地增強了傳統治理場景的動態性、複雜性和不可預知性，致使網絡詐騙、虛假宣傳等違法行為的門檻降低。傳統治理模式普遍反應滯後，難以找到對應的法規條文，常常出現政出多門，不同政策標準或要求相互牴觸矛盾的情況，反映出當前政策制定部門對新技術理解不到位，面臨原有規則和方法難以適應新經濟等問題[1]。

除此之外，政策制定部門的快速響應能力仍顯不足。在數字技術快速發展的今天，產品和產業的更新換代速度遠超以

1　徐夢周，呂鐵.賦能數字經濟發展的數字政府建設：內在邏輯與創新路徑[J].學習與探索，2020（3）：78-85.

往，市場的快速變化對政府部門的社會治理工作提出了更高的要求。政府部門不僅要在市場准入、流通、監管、社會誠信及市場激勵等環節建立起有效的機制規則，而且要具備快速響應、創新迭代的政策調整能力。

（二）政府與市場間關係有所變化

處理好政府與市場的關係是數字政府建設的關鍵。在數字技術高度發達、網絡廣泛滲透且社會高度互聯的今天，許多公共服務效率得到了極大提升。以往只能由政府提供的公共服務具備了商業化提供的可能，當前已有一批企業踏入公共服務領域，以相同甚至更低的成本提供社會服務。與此同時，隨着平台型企業迅速發展壯大，以騰訊、阿里巴巴等為代表的平台企業掌握了大量的用戶個人信息，而政府作為外部監管者，信息和能力都相對不足，在部分領域的社會服務或治理中處於劣勢。

在此背景下，僅僅靠政府力量開展市場監管、社會治理和提供公共服務遠遠不夠，還需要市場和全社會的力量。例如，就政府自身而言，很難獨立地完全解決數字政府項目的投資效益問題。此外，數字政府的效能評價機制也仍需改進。當前評價內容側重於對政務服務和政務互動的評價，而對更加廣泛的社會治理、市場監管等領域的評價內容明顯偏少。

第三節　政策建議

　　近年來，中國將數字中國戰略上升為國家戰略，數字政府作為其中的重要組成部分，成為各級政府擁抱數字化浪潮的重要途徑。本節在深入分析當前各地方數字政府建設過程中存在的問題和可供借鑒推廣的經驗之後，提出了推動中國數字政府高質量建設的幾點建議。

一、加快推進公共數據開發利用

（一）盤活現有政務數據資源

　　中國是世界人口大國，人口紅利推動中國互聯網快速發展，預計到 2025 年，中國數據總量將躍居世界第一，全球佔比有望達到 27% 以上。然而當前，在國內獲取大規模、高質量、可挖掘的數據仍然困難，還需統籌規劃，盤活現有數據資源，加速將數據轉換成為高價值生產要素的過程。

　　一是推進數據資源普查。圍繞數字政府建設目標，依託升級大數據中心或大數據管理部門等公共機構，全面推進政務數據資源普查工作，釐清政務數據資源的分佈狀況，全面盤點現有政務數據資源存量。二是充分挖掘各類數據。合理佈局建設一批以 5G、大數據中心等為代表的新型基礎設施，並進

一步推動區塊鏈、人工智能等技術的應用，充分發揮數字效能，將更多資源數字化。三是高度重視數據安全。政務數據普遍屬於高價值數據，亟須加快提升政務數據資源立法層次。基於此，建議探索利用區塊鏈數據共享模式，不斷拓寬應用範圍，同時加強數據脫敏、授權的試點示範，在保證數據安全的前提下推動政務數據合理開放共享。

（二）推動數據「多跨」協同互通

更加系統性地推進「三融五跨」協同治理，即以實現技術融合、業務融合、數據融合，以及跨業務、跨部門、跨層級、跨區域、跨系統打通應用場景為目標，加快政府數據開放平台建設，加快打通各個數據所有部門間的數據壁壘。

一方面，強化對數據資源的專項整合。加快推進一體化政務數據中心建設，重點加強對數據開發利用技術和數據安全標準體系的建設，細化政務數據的收集、使用以及監管等方面的規範和操作規則，通過各部門監測數據的動態交互，實現即時高效的智能搜索、分析判斷和聯動指揮。同時，大力推動全域數據的深度匯聚，在鼓勵支持數字技術創新應用的同時，高度重視政府機構體制機制的改革創新，如將政務數據的匯集質量、進度、及時度等納入政府部門公務員的考核指標等。

另一方面，推進各類數據平台信息匯聚融合，避免多業

務多部門並行帶來的資源浪費和重複建設。根據數據使用的頻率和數據的溢出效應判斷其價值高低，將基礎性、宏觀性、統籌性的數據匯聚到一個平台或系統，並通過構建「數據中台」協助政府優化服務流程和服務方式，同步推進政務數據的標準化，從而更大程度地調動並利用社會多方資源，推動政府和社會建立基於數據開放協同的良性互動，形成強大合力。

（三）優化數據共享利用體系

以完善國家政務服務平台為依託，進一步推動數據開放共享，面向公眾提供高質量的公共服務產品，不斷解決公共治理中的難點痛點。

第一，推動政府數據進一步共享開放。以實現數據的匯聚和統籌管理為目標，搭建一批政務數據平台，同時建立政務數據開放「負面清單」制度，進一步提升數據開放共享水平。建立一體化政務大數據中心，將一批專有性、部門性、屬地性強的數據通過邏輯匯聚加以統籌管理，形成自然人、法人、自然資源與空間地理、社會信用、電子證照五大基礎數據庫，並針對業務應用場景，建設主題數據庫和專題數據庫。

第二，推動各類公共數據資源開發利用。一是確立公共數據資源開發利用的基本原則。明確公共數據資源開發利用的邊界條件和監管措施，加強數據分級分類管理，確定可開發利

用數據資源的範圍，建立公共數據資源開發利用目錄清單。二是探索構建數據產品和服務價格形成機制以及收益分配方式，組建省級公共數據資源交易中心。三是開展公共數據資源開發利用試點。在有條件的地市選擇經濟效益和社會效益明顯的教育、交通等領域開展公共數據資源開發利用試點。

二、大力推動政務信息化共建共用

（一）持續深化政務信息系統整合

加大政務信息化建設統籌力度，使用清單化的管理方式做好宏觀調控。佈局建設執政能力、依法治國、經濟治理、市場監管、公共安全、生態環境等重大信息系統，提升跨部門協同治理能力。加快完善國家電子政務網絡，集約建設政務雲平台和數據中心體系，推進政務信息系統雲遷移。

充分發揮國家數據共享交換平台樞紐作用。以提高數據價值和行政效率為出發點，不斷優化完善國家數據共享交換平台，加快形成「用數據說話、用數據管理、用數據決策、用數據服務」的數字政務組織體系。同時加快建設政府數據開放平台，積極推進政務信息系統整合共享工作，進一步推動政府數據資源開放共享、提升政務數據資源利用率，充分發揮政務數據的資源價值。

（二）引導支持社會各方積極參與

以開放合作、集約建設的政企協同模式為發展思路，有效利用社會化服務資源，加快建設一體化政務大數據中心體系，以政企共建的形式為各級政府部門提供專業化且更加全面的數據中心以及異地容災備份服務，為政務信息化建設提供統一、專業、集約、安全的算力資源支持及數據保障。

引導各級國資委帶頭成立國有控股的數據產業公司，由數據管理部門進行業務管理與指導，充分發揮大數據服務公司的社會橋樑、平台及中介功能，對政府部門擁有的大數據資源進行市場化運作和開發，促進數據資源與產業發展深度融合。同時，建立大數據產業園區，引導更多國有大數據產業企業參與其中，營造多方共建的良好局面。

鼓勵商業數據面向社會有償開放與共享。支持互聯網平台等第三方數據資源開發者和社會力量對各類數據進行社會化開發、匯聚和整合，推動商業數據按照等價支付、有序流動的原則在雲架構中自由流動，帶動整個數據商業價值鏈規模化發展。

（三）推動數字政務建設創新迭代

充分發揮數據資源的創新要素作用，通過整合優化產業鏈、創新鏈、資金鏈，加速推進公共數據資源服務全社會，進

一步催生新產品、新業態、新模式，在滿足人民需求的同時推動數字經濟高質量發展。

不斷優化全國統一的國家政務網絡建設，在改進過程中突出問題導向，重點突破專網整合、信息安全、統一標準等難題，加快同 5G、大數據、區塊鏈等新興數字技術相融合，不斷優化政務網絡基礎設施建設，增強政務信息系統快速部署能力和彈性擴展能力，同時加快移動終端接入能力建設，不斷提高政務網絡覆蓋範圍，穩步推進政務網絡向綜合性基礎設施平台加快轉變。

持續深化「互聯網 + 政務服務」，採用組合拳的方式，綜合運用一系列新技術、新手段和新模式，打破公共服務各領域、各環節的服務瓶頸。同時充分發揮數字經濟帶來的技術優勢，使政府部門能夠針對社會治理過程及現狀進行實時監測和即時動態調整，進一步強化信息和行為的追溯管理。

三、全面提升數字政府智能化水平

（一）政務服務數字化

構建以人民為中心的服務型政府是中國數字政府建設的根本出發點。基於此，要立足需求側，根據羣眾和企業的需求創新供給側的公共服務供給，構建普惠、便捷、高效的公共服

務體系。

第一，全面升級一體化政務服務能力。依託移動政務服務平台，着力消除「排隊長、卡證多、辦事難、效率低、體驗差」現象，提升羣眾的獲得感。緊密圍繞民生保障、社保醫療、就業創業等關係社會羣眾切身利益的領域，開展更接地氣的公共服務系統功能設計，創新供給側改革。積極創新政務服務方式及體驗，支持政府內部跨部門聯合監管、協同指揮以及並聯審批，提升政府運行效率。在提供優質便利的涉企服務的同時，全面提升面向社會羣眾的服務能力，全面提升一體化在線政務服務能力。

第二，持續推進政務服務數字化智能化。完善政務雲平台和高可靠智能化、雲網一體的數字政府智慧網絡建設。通過大數據和人工智能技術，進一步規範和完善政務服務「一網通辦」，在其他數字政府建設相對滯後的省份，加快部署推廣「浙裏辦」「閩政通」「粵省事」等應用軟件，持續推進移動端政務服務建設，切實提升「互聯網 + 政務服務」的數字化智能化水平。

（二）經濟調節數字化

當前，中國經濟已由高速增長階段全面轉向高質量發展階段，經濟體系優化升級是「十四五」期間國家的明確目標，

數字融合將全面助力。但隨着市場參與主體日趨多元，信用風險加劇泛化，更加需要政府部門高水平地協調多樣化的市場活動。

　　數字技術使得政府更加接近市場，能夠以更加低廉的成本和更加便捷的方式實時掌握市場主體的經營數據、行為數據等。基於此，建議政府部門充分發揮數字技術在經濟調控和市場監管方面的優勢[1]。在經濟調控方面，通過數字技術實時了解經濟運行情況，通過交叉分析不同來源的各領域數據把握經濟運行規律，做好分析研判，從而高效應對。在市場監管方面，使用新的數字技術手段整合分析出各個市場主體的多方面信息，並與同行業類型的企業產品的已知信息進行交叉比對，提前識別出異常現象，及時發現違法違規概率較高或是有此傾向的市場主體，有針對性地加強監督，最大限度地減少對合規企業正常經營的干擾。

（三）社會治理數字化

　　新時代，人民羣眾對安全有序、環境優美的生活發展環境有了更高的訴求，社會管理和公共服務的數字化水平有待進

---

[1]　江小涓. 以數字政府建設支　高水平數字中國建設 [J]. 中國行政管理，2020（11）：8-9.

一步提升。目前，大數據、人工智能等數字技術正加快應用於公共事務管理等社會治理領域，顯著加速了社會治理的數字化轉型，但也應看到，由於前沿技術的應用仍處於探索階段，政府提供的數字治理服務還需不斷地適應調整，以進一步提高社會治理的數字化、現代化、智能化水平 [1]。

第一，把握底線思維，充分研究全社會數字化轉型後新領域發展存在的潛在經濟社會風險，從把控風險的角度開展治理。一是深入貫徹全面依法治國理念，依據法規法條處理各類政府行政審批事項；二是推進電子監察，通過數字技術實現全程留痕有據可尋，強化優化執法及問責機制；三是加強數字政府執法監督，形成合法有效的政府監管機制，進一步規範社會秩序。

第二，開展協同治理，將互聯網時代的整合思維深入應用到數字政府建設中，通過推動各方共建共用共享共治，提高政府的集約建設能力。充分利用社會各方資源，加強政府同企業的合作，多方參與、羣策羣力，推進政府治理及監管決策平台同金融、電信、教育、醫療、能源等領域企業的對接合

1   陸峰.加快數字政府建設的七大要點 [EB/OL].（2018-04-26）[2021-08-19].https://news.gmw.cn/2018-04/26/content_28499224.htm.

作，全面提升政府部門社會治理協同聯動能力。

　　第三，推進適應性治理，提升大數據、雲計算、區塊鏈、數字孿生等數字技術在政府運行中的應用水平，從而進一步提高治理響應的敏捷程度。在政府的日常工作中，加強對政務、行業和社會等多方面數據的交叉對比，深入挖掘數據背後的發展運行邏輯並提前開展趨勢研判分析，提高對社會治理、經濟運行、民生服務等多領域的深度分析和預測能力，根據變化即時調整治理思路與力度，實時應對社會運行的最新變化。

（四）政府運行數字化

　　大力推進對數字政府的升級重塑，以積極有效的制度和政策支撐數字中國體系的不斷優化完善。

　　第一，處理好統一規劃和基層建設的關係。加快優化地方新型基礎設施建設，着力推動基層治理向社會化、法制化、智能化、專業化全面轉型。積極創設技術支撐，向各級地方政府提供統一雲服務等技術支持，在統一建設時面向市區兩級、各個部門及服務終端門戶網站進行統一梳理，打造便於使用、簡單完備的政務系統，同時避免地方在政務基礎設施上重複建設。

　　第二，建立可管可控的行政立法保障體系[1]。轉變公共行政運行模式，建立完善敏捷的數字化監管、通報、響應和處置機制，充分利用數字孿生、人工智能等先進數字技術，有規劃、有秩序地對數字政府實際運行過程中可能或已經出現的問題進行防範與處理，從而達到最佳政府運行狀態。同時，制定客觀有效的評估考核機制，將各部門各層級公務人員的激勵、獎懲與在數字政府中的貢獻程度掛鈎，使數字政府的工作職能真正發揮作用。

1　曹亮亮. 數字政府升級和重塑的四個路徑 [J]. 人民論壇，2019（23）：60-61.

第六章

數字生態建設：一種社會經濟生態系統

數字生態是在數字時代，政府、企業和個人等社會經濟主體圍繞數據循環流動和相互作用，通過數字化、信息化和智能化等數字技術，進行鏈接、互動與交易等活動，從而形成的社會經濟生態系統 [1]。近年來，數字生態建設得到了中央及有關部門的高度重視，國家「十四五」規劃和 2021 年《政府工作報告》均明確提出要營造良好數字生態，數字生態建設也首次被提升到了國家戰略的高度。在《中華人民共和國國民經濟和社會發展第十四個五年規劃和 2035 年遠景目標綱要》第五篇第十八章中，更是重點指出要建立健全數據要素市場規則、營造規範有序的政策環境、加強網絡安全保護以及推動構建網絡空間命運共同體。本章從以上四個方面入手，在梳理總結當前中國數字生態建設情況的基礎上，剖析數字生態建設中存在的

---

1   張平文．數字生態將改變什麼 [EB/OL]．（2020-10-12）[2021-08-19]．https://news.gmw.cn/2020-10/12/content_34257711.htm．

主要問題，對未來可能面臨的風險和挑戰做出了判斷，進而針對構建中國特色數字生態體系提出了指向性的政策建議。

第一節　發展特點及發展趨勢

近年來，在數字中國戰略的引導下，中國數字基礎進一步夯實，政策環境不斷優化，數字安全和國際化的能力顯著提升，數字政府建設日益完善，數字社會發展步伐加快，數字生態也更加開放健全。

一、數據要素資產價值日益突顯

數字經濟的核心要素是數據化的知識和信息。隨着萬物互聯時代的到來，以及新一輪科技革命和產業變革的快速推進，數據資源正以幾何級數爆發式增長。數據作為新型生產要素重建了人類理解、預測以及控制客觀世界的新體系新模式，並正成為驅動數字經濟相關產業甚至整個經濟社會發展的重要力量。與此同時，定價算法、推薦算法等數據處理技術開始被廣泛運用於電子商務、新媒體、交通、醫療等領域，軟件和算法逐步成為新的生產工具，正在重新定義社會的生產方式。

　　在數字經濟高速發展的大背景下，傳統的人才、技術、資本、管理等生產要素也以數據為紐帶展開多要素聯動，以數據為內核，追求多要素協同創新、協同發展的新模式正成為數字經濟發展的重要形式。數據要素正在創造更多的價值，當前主要採取的價值創造模式是價值倍增、資源優化和投入替代。其中，價值倍增是指數據要素憑藉其提高單一要素生產效率的特點，通過與勞動、資本、土地、知識、技術、管理等單一要素融合，對經濟發展產生放大疊加和倍增的作用；資源優化是指在高度數字化、智能化的信息環境中，數據作為紐帶實現多要素的鏈條聯動，進而提高勞動、資本等傳統要素配置效率；投入替代則是指以數字化新模式減少傳統商業或產業運營中的大規模硬件設施投入，如移動支付替代傳統 ATM 機，政務「最多跑一次」等減少人力和資源的消耗等，用更少的投入創造更高的價值。

二、數字經濟進入高質量發展階段

（一）數字經濟已成為經濟增長新引擎

　　隨着數字技術日益成為新一代通用型技術，數據價值化加速推進，經濟社會的數字化、網絡化、智能化水平不斷提升，數字經濟正成為加速重構經濟發展與社會治理的新型經濟

形態，人類歷史全面進入以數字技術為核心驅動力量的數字經濟新時代。

　　當前，中國數字經濟正處於高速發展期，各類數字技術創新持續取得新的突破，應用領域不斷拓展，行業競爭力逐年增強，數字經濟規模已躍居世界前列。據中國信通院測算，2020 年中國數字經濟規模近 5.4 萬億美元，同比增長 9.6%，對國民經濟的貢獻顯著增強，在優化經濟結構、促進產業整體轉型升級等方面的作用突顯。數字經濟已經深刻融入了國民經濟各個領域，為中國長期經濟發展提供了新動能，成為拉動經濟增長的新引擎。

（二）數字經濟與實體經濟深度融合

　　數字技術通過與實體經濟深度融合，在經濟和社會各領域實現了廣泛的應用和滲透，深刻改變了人們的生產生活，促進了生產效率和生活便捷度的提高，進而形成了新的強大發展動力，對經濟發展產生了總體性的變革式影響。

　　在製造業方面，數字經濟企業通過深入實施智能製造戰略，推動企業在資源分配、製造執行、供應鏈管理、倉儲物流管理等環節深化數字技術融合應用，開展工業大數據採集、處理、匯聚、利用，帶動產業鏈上下游企業加快數字化轉型，進而促進產業鏈整體協同，最終實現製造品質與生產效率的

提升。在服務業方面，數字技術通過打通消費品產業鏈上下游，匯集生產、銷售、管理數據，深度挖掘分析市場需求，利用大數據分析輔助產品定位、產品設計、質量提升、精準營銷、定製服務，提升消費品品質。但是也應注意到，目前產業之間數字滲透率不均衡的特徵仍然明顯，整體表現出「三產高於二產、二產高於一產」的逆向融合趨勢。

（三）產業生態發展向消費端整合

從傳統經濟時代過渡到數字經濟時代，企業和資本甚至整個市場的行為邏輯與權力結構都會發生根本性變化。傳統經濟時代的市場勢力主要來自生產控制，並逐步延伸拓展至消費控制和銷售控制。在數字經濟時代互聯網流量為王的今天，誰能控制消費者信息，誰就能夠控制整個市場。與此同時，資本也從傳統時代在產業端進行控制轉變為在消費端進行控制，如小米從消費出發組織生產，騰訊整合流量優勢在雲服務、位置服務、安全大數據、基層治理等領域進行產業互聯網整合。

在互聯網經濟快速發展的背景下，傳統企業邊界不斷被顛覆，以共享、共創、共生、共贏為出發點的商業生態競爭理念得到了廣泛認可，阿里巴巴、騰訊、小米等互聯網龍頭企業也紛紛佈局，打造企業生態系統。例如，騰訊一直以來堅持

自下而上做產品的思維，注重用戶體驗，按照「以社交為圓心，通過流量＋資本向外延展」的商業邏輯發展業務，目前其商業佈局已經包括即時通信、網絡媒體、電子商務、互動娛樂、互聯網與移動互聯網增值服務等板塊，未來將按照數字優先的戰略，加速推動產業數字化變革。馬化騰曾明確表示，「騰訊將與合作夥伴更緊密地攜手，為不斷湧現的應用場景尋找解決方案，成為各行各業轉型升級的'數字化助手'，共建開放、創新、安全的數字生態」。

三、網絡安全成為下一步的重點關切

自 2016 年 12 月國家互聯網信息辦公室正式發佈《國家網絡空間安全戰略》以來，中國陸續發佈了多份國家層面的信息安全戰略與政策文件，系統、明確地宣佈和闡述了關於網絡空間發展與安全的立場和主張。目前，中國與網絡安全相關的法律法規文書已有近百份，內容涉及網絡安全的多個領域，已初步形成了中國信息安全法律法規框架體系和多層級的立法體系結構。在國家戰略和政策文件的指導下，中國網絡生態治理和信息內容安全管理不斷加強，針對網絡違法犯罪活動的打擊力度也明顯加大。總體來看，中國其他信息安全相關的法律法規均基於《國家安

全法》和《網絡安全法》制定，並在網絡安全等級保障制度、關鍵信息基礎設施保護制度以及數據本地化和跨境流動制度等中體現了對網絡安全的重視。目前，《網絡安全法》《數據安全法》《個人信息保護法》成為網絡空間治理和數據保護的三駕馬車：《網絡安全法》負責網絡空間安全整體的治理，《數據安全法》負責數據處理活動的安全與開發利用，《個人信息保護法》負責個人信息的保護。這三部法律互為補充，將推動中國信息安全和數據保護進入全新階段。

四、數字經濟國際化發展積極推進

一直以來，中國積極踐行網絡空間命運共同體的理念，同世界各國一道打造開放、公平、公正、非歧視的數字發展環境，開創數字合作新局面，取得了明顯的效果。

一是國際影響力不斷增強。近年來，中國積極參與全球數字經濟治理，在數字經濟領域國際標準制定方面的話語權和影響力明顯提升。2020 年，中國提出《全球數據安全倡議》，並參與發佈了《攜手構建網絡空間命運共同體行動倡議》，為維護全球數據和供應鏈安全、促進數字經濟健康發展以及應對網絡空間風險挑戰提供了建設性的解決方案，也為制定數據治理領域的國際規則提供了藍本框架，在數字經濟國際化發展中

貢獻出了中國力量。

二是國際交流合作深化拓展。數字生態為中國企業特別是中小企業提供了拓展全球化市場的機會。2020 年，中國相繼簽署或發佈了《中國—東盟關於建立數字經濟合作夥伴關係的倡議》《區域全面經濟夥伴關係協定》《G20 數字經濟部長宣言》《中華人民共和國政府與非洲聯盟關於共同推進「一帶一路」建設的合作規劃》等文件，在與「一帶一路」沿線國家、東盟國家、G20 國家以及 46 個非洲國家的數字經濟合作方面邁出了堅實步伐，以數字化的方式在信息展示、貿易洽談、支付交易以及稅收通關等各個環節為企業或機構組織提供了溝通新渠道，在大幅降低交易成本的同時提高了交易效率。

三是數字貿易得到長足發展。近年來，中國在國際數字貨物貿易、數字服務貿易和數據貿易三大方面均表現出積極的增長勢頭。在 2020 年，中國積極打造了一批數字貿易的重要載體和數字服務出口集聚區，佈局建設了中關村軟件園等 12 個國家數字服務出口基地，在數字技術落地和體制機制創新方面先行先試，輻射帶動全國數字貿易蓬勃發展。其中，中國數字貨物貿易發展迅猛，跨境電子商務規模位居世界前列，2020 年進出口額達到 1.69 萬億元，同比增長 31.1%。

第二節　存在的突出問題

目前中國數字生態體系尚不完善，數字經濟發展過程中還面臨着數據要素流通不暢、基礎設施建設不完善、數字人才供給不充足等諸多問題。此外，政府部門對數字經濟的監管治理也相對落後，網絡安全和國際化發展方面還有較大改進空間[1]。

一、相關產業要素供給不足

（一）數據流通不順暢

受體制機制的限制以及出於保障數據安全的考慮，當前中國龐大的數據要素資源無法高效流通和開發利用，數據作為關鍵創新要素驅動數字經濟發展的作用尚未充分發揮。現階段，數據要素流通不順暢主要有以下四個方面的原因：

一是數據採集難。數據採集是數據要素流通的前提任務和問題源頭，但目前在數據採集來源、採集方法等方面還存在諸多問題。政府內部「數據孤島」問題依舊存在，政務數據存

1　吳靜，劉昌新．健全數字生態，釋放數字經濟新動能 [EB / OL]．（2021-05-17）[2021-08-19]．http://finance.people.com.cn/n1/2021/0517/c1004-32104989.html．

在多頭採集、數據標準不一致等問題；工業能源數據採集能力不足，數據獲取存在延遲，影響了後續精準應用；個人數據被各類網站過度應用或超範圍採集，如何平衡個人數據的隱私保護與合理利用仍亟待解決。二是數據確權難。數據具有可複製性和非消耗性，在很多情況下可以被不同主體同時佔有，而這種不可被排他性地佔有的特性導致數據難以被確權，作為互聯網時代湧現的新型生產要素，數據在產權界定、配置模式等方面尚未形成共識。三是數據定價難。不同類型、不同層次和不同場景下的數據，代表着不同的利益和法律關係，清晰地界定數據財產利益、明確數據定價方法十分困難。從全國來看，至今沒有能夠統領政府所有部門的業務數據規則、數據標準和數據規範，缺少合理的數據資產價值評估標準、規範和方法，解決這些問題需要自上而下的立法和相應的頂層設計。四是數據流通難。數據要素化和要素市場化的過程交織疊加，使得市場化配置數據要素的數據流通過程更為複雜，由於大數據交易缺乏法律規範引導，公開、合法的數據交易渠道尚不通暢。

（二）基礎設施建設不完善

要推動數字經濟快速發展，需要高質量推進新型數字基礎設施建設。從全國層面看，數字基礎設施，尤其是 5G 基站、物聯網、IPv6、人工智能、區塊鏈等新型基礎設施建設速

度依然滯後於數字經濟發展速度。造成這一現象的主要原因有
以下三點：

　　一是數字基礎設施建設難。當前在數字基礎設施普及方
面，區域間、城鄉間、傳統產業與新興產業間的差距較大，部
分新型基礎設施建設面臨着投資金額大、成本回收時間長、投
資回報不確定性高等現實情況。例如，5G 基站建設成本高、
運營壓力大，網絡運維成本壓力急劇增大，給運營商帶來了巨
大的負擔。二是數字基礎設施整合難。新型數字基礎設施建設
主體多元，行業標準不統一，統一市場尚未形成，整合力度
明顯不足。總體上，新型基礎設施的體系化程度低，重複建
設、資源浪費現象較為突出，大數據中心、雲計算中心等算力
基礎設施共建共享程度不足，物聯網系統平台互聯互通程度較
低，試驗創新基礎設施配套能力不強。三是數字基礎設施升級
難。一方面，核心技術自主創新能力欠缺制約了新型數字基礎
設施升級，突出表現為雲計算高端服務器、SaaS 服務軟件、
芯片等領域核心技術的自主知識產權不足，非蜂窩物聯網技術
發展落後等。另一方面，頂層設計缺失、配套政策標準滯後導
致自動駕駛等領域新型基礎設施建設速度相對緩慢。

（三）數字經濟人才供給不充足

　　數字技術和數字經濟業態具有更新迭代快、專業性強等

特徵，使得數字經濟發展對人才的專業性、複合性和實用性要求較高。人才匱乏已經成為傳統企業向「智造」轉型的重要難點，也是傳統產業邁向全球價值鏈中高端的一大障礙，影響着產業鏈競爭力的提升和產業鏈的穩定性。具體來看，高端技能型人才和跨界複合型人才資源缺口較大，特別是既精通信息化又懂生產製造、既懂工業又懂互聯網的複合型人才結構性短缺，而高端人才和複合型人才的結構性短缺正日益成為制約中國數字經濟創新發展的重要瓶頸。

二、政府監管明顯落後於數字經濟發展

（一）監管治理理念有待改進

　　制度創新是培育壯大數字經濟的根本保障，是激發市場活力、拓展創新空間的助推器。當下部分制度法規及監管理念相對落後，已經束縛了經濟創新的步伐。例如，基於互聯網平台開展服務的網約車、共享民宿、共享物流等新業態新模式，擁有完整的數據鏈條，可以有效用以追溯用戶信息、預測行程及分析行動軌跡，疫情期間本應在聯防聯控中發揮支撐決策作用，但一些地方卻因為政府能力不足而無法處理企業的海量數據，也無法對算法進行有效監管，對新業態採取了區別對待的監管措施，影響了疫情防控大局。在傳統經濟時代，政府

的權力體現在信息資源的配置、規則的制定和監管執法等方面，但在當前的數字經濟發展階段，政府對平台類企業用戶進行直接監管需要水平較高的技術手段和相應的物力人力，監管成本極高。隨着平台經濟的快速發展，平台運營方越來越有能力承擔傳統意義上市場監管部門對第三方參與者的監管和治理義務，政府也應開始考慮優化其監管治理理念，引入平台力量參與數字經濟治理[1]。

此外，數字時代計劃經濟的論調也需要警惕。雖然數字技術在獲取信息、制定規劃等方面賦予了政府強大的能力，但是由於數字技術與商業模式的創新存在高度不確定性和顛覆性，因此難以預測何種技術會成為主導技術、何時成熟、何時能夠產業化，會以何種商業模式出現，又會有哪些企業能夠變現。應對這種巨大的不確定性，就要使市場主體具有多樣性，由大量的沿着各個發展方向的市場主體進行試錯，探索出技術正確、道路正確的商業模式。因此，對於數字經濟而言，不僅計劃經濟不能夠代表市場，而且不當的產業政策干預還可能造成不可避免的損失。

1　潘定，謝菡. 數字經濟下政府監管與電商企業「殺熟」行為的演化博弈 [J]. 經濟與管理，2021，35（1）：77-84.

　　由於針對平台經濟等新業態的監管治理體系不健全，因此一系列問題相繼湧現。一是不規範經營問題突顯。由於准入門檻低，經營者良莠不齊，網絡售假等不規範經營現象時有發生，《電子商務法》等需要後續更完善的司法解釋補充。二是不正當競爭隱患浮現。在電子商務、網絡租約車、移動支付等領域，超大型互聯網平台佔據強勢地位，存在強制商家進行「二選一」等行為，引發了人們對壟斷和不正當競爭的憂慮。三是數據保護風險加大。互聯網平台匯聚海量用戶數據，數據價值不斷提升，用戶個人信息泄露和非法利用、數據非法跨境流動等風險不斷增大，《網絡安全法》數據保護領域部分細則仍有待出台。四是由於缺乏相關法律法規標準支持，一些前沿數字技術發展受到較大限制，如自動駕駛道路測試的法律法規標準不健全影響了該新技術加快產業化的進程。以上問題的解決不僅需要政府調整監管方式與模式，而且需要及時科學地建立與之相適應的法律法規體系。

（二）執法分析框架有待完善

　　當前，數字平台反壟斷的執法規則、執法工具、執法過程與執法結果都相對滯後於數字平台的發展步伐。這可能會引致大型平台以資本逐利取代研發創新，還可能擠壓中小型平台的盈利與創新空間，甚至影響反壟斷執法機構的權威與全社會

的福利。

　　從執法規則看，由於平台創新周期很短，所涉企業量大面廣，領先平台的主導地位更迭快，競爭格局具有極強的動態性，高市場份額、高市場集中度甚至是寡佔的市場格局常常是短暫的，因此忽視競爭效應而對大型數字平台強行執法，其短期利好難以抵消長期損害，導致反壟斷執法具有短視傾向。

　　從執法工具看，靜態、單邊的分析工具難以適應動態、多邊的數字平台市場。一方面，平台常常展開「跨界競爭」，即一個平台同時經營不同的業務。跨界競爭模糊了競爭對手的身份，也模糊了競爭市場的邊界，給相關市場界定和壟斷損害認定造成了困難，令反壟斷調查過程明顯滯後，導致「管得太慢」。另一方面，單邊市場的產品定價應等於邊際成本，但數字平台天然地存在網絡外部性，往往對價格敏感用戶給予補貼或免費，而對價格不敏感用戶收取高價，「傾斜式定價」是平台的積極競爭策略，若採用傳統工具「一刀切」，則很可能誤傷數字平台的合理商業行為，阻礙平台正常經營，導致「管得太死」。

　　從執法過程看，目前反壟斷執法透明度有待提高。對一般性數字平台而言，反壟斷執法缺乏透明度會阻礙平台對生產、定價、分銷、併購等行為的法律後果做出合理預期，導致

平台不敢大膽探索。對具有壟斷勢力的數字平台而言，缺乏透明度可能誘發權力尋租，促使平台將高額利潤用於公關游說，通過拖延反壟斷審查窗口期持續獲取壟斷利潤。對反壟斷執法機構而言，缺乏透明度很可能導致其被少數利益集團俘獲，誘發「同案不同判」、執法爛尾、執法缺位等問題，削弱反壟斷執法的權威性。

　　從執法結果看，數字平台反壟斷的民事訴訟案件訴期長、舉證難、勝訴少，反壟斷執法的速度與覆蓋面也相對滯後於數字平台的發展。例如，備受關注的京東訴阿里巴巴「二選一」案從舉報到進入實質性審判歷時接近 4 年，僅管轄權之爭就在北京和杭州拉鋸多時。此外，對抗市場壟斷行為只能作為私益訴訟提起，這導致消費者和小企業往往在證據收集和訴訟方面面臨較大負擔，舉證阻力大也是反壟斷調查難以推進的原因之一。

三、網絡安全保護能力亟待提升

　　近年來，各國在網絡安全領域的國家層面投入強勢增長，全球網絡安全產業規模持續擴大。但與此同時，網絡安全的威脅也在日益增大，數據泄露事件依然頻繁出現，針對關鍵信息基礎設施的攻擊也時有發生，嚴重威脅着數字經濟生態的

正常運行。從法律體系方面看，中國信息安全戰略、政策與法律已經比較完備，但是與國家網絡空間安全戰略相配套的網絡安全綜合政策略顯不足，《網絡安全法》與其他現行法律在具體表述和協調銜接等方面仍有待進一步調整與完善。此外，網絡安全領域的人才缺口仍舊較大，（ISC）²《2020 年網絡安全人力研究報告》提供的數據也顯示，目前全球網絡安全從業人員為 350 萬人，而勞動力缺口達 312 萬人，需要增長 89% 才能填補人才缺口。此外，在數據安全方面，中國一直以來高度重視數據開放和數字產業發展，數據開放水平也穩步提升，但這一過程中必然伴隨着數據安全和隱私保護等問題，未來數字經濟更要注重平衡發展，兼顧數據安全保護和產業發展創新。

四、數字經濟國際化發展有待深化

（一）數字經濟國際化發展能力不足

數字經濟國際化發展能夠給經濟發展注入新動力，並為國家間合作提供新契機。目前，中國數字經濟產業在數字技術硬件領域國際化程度相對較高，但是在數字經濟軟件及服務領域國際化程度有待提升，突出表現為數字經濟企業本身的國際化能力不強，適應不同國家法律、稅收、財務體系的能力存在明顯短板，等等。與此同時，數字經濟是全球主要的新興增長

點，世界各國對把握本國數字經濟產業發展的主動權均高度重視，對數字經濟的對外開放與其他領域的對外開放往往區別對待。因此，數字經濟的發展環境高度複雜，這對中國數字經濟企業的國際化能力提出了更高的要求。

（二）治理標準不統一阻礙國際交流

當前，世界各國對數字企業在壟斷認定、稅收、隱私數據保護等方面均未達成統一標準，國內外的標準差異嚴重制約了中國數字經濟企業「走出去」。一是壟斷認定標準不統一。在數字經濟時代，壟斷會更加容易產生，現行的各種關於壟斷行為的規定、對相關市場的界定、對市場支配地位的認定等均難以適應互聯網與數字經濟的發展趨勢，而各個國家在此領域的規則也各有不同。二是稅收政策標準不統一。目前，各國和地區關於數字經濟納稅主體認定、納稅方式及規模的標準差異較大。例如，法國、英國等國家試圖以單邊行動對互聯網企業開徵數字稅，而美國作為擁有全球最多互聯網企業的國家一直堅決反對。國際稅收政策從嚴可能會加大數字經濟企業「走出去」的風險，降低企業利潤，影響中國數字經濟企業的海外發展。三是個人隱私保護標準不統一。數據產生、收集、存儲、加工、使用涉及不同的主體，既有個人、企業，也有政府。目前，數據權屬的規範尚不明晰，數據的流轉存在困

難。國內的內容類、社交類產品常常通過收集用戶數據以驅動算法向用戶推送信息，這極容易侵犯用戶信息隱私權，遭受監管與罰款。2018 年歐盟《通用數據保護條例》（GDPR）出台後，涉及收集、存儲或使用有關歐洲居民個人信息的企業受到較大影響，不少計劃「走出去」的數字經濟企業也望而卻步。

（三）地緣政治風險限制國際化步伐

當前數字經濟已經成為世界所有主要國家競爭的焦點。這一領域既是各個國家加快實現自主發展的重點領域，又是關係各國國家安全的重點領域。因此，這一領域的國際化發展越來越容易受到地緣政治風險的影響。近年來，隨着地緣政治事件的頻頻發生，中國數字經濟企業在海外利益受損事件不斷增多，地緣政治風險對中國數字經濟領域企業「走出去」的影響日益突出。

第三節　風險和挑戰

中國數字經濟在快速發展的同時，也面臨一系列風險和挑戰，其中，市場壟斷、就業問題以及國際競爭日趨白熱化等挑戰尤為突出。

一、市場分化必將進一步擴大

大型數字平台以追逐資本取代研發創新，直接導致中小型數字平台的盈利空間、創新潛力受到擠壓。中國個體工商戶數量眾多，但大多數規模較小，在市場競爭中通常處於弱勢地位。因此，中小型數字平台更容易遭遇擠壓從而被迫退出市場，而非因效率低下而自然淘汰。此外，針對初創企業的併購越來越多，即大型平台收購剛剛成立但在未來可能會對其產生競爭威脅的企業。這種掐尖併購一方面使初創企業獲得了大型平台的資源，有利於其研發創新，但另一方面也限制了初創企業原本可以憑藉自身實力展開的顛覆式創新，可能兼具反競爭效果，需要反壟斷機構謹慎辨析。

此外，數字平台資本無序擴張的負外部性還將轉嫁給全社會。例如，外賣平台「二選一」與「高抽成」等行為不僅導致外賣價格上漲，損害消費者利益，還會壓縮餐飲企業利潤，甚至迫使外賣騎手為了搶單而忽視交通安全。電商平台依賴海量用戶數據獲客，助推濫用用戶數據，侵犯用戶隱私權。互聯網金融平台利用數據優勢創造大規模消費貸，致使大量貸款流向償債能力低的學生與低收入羣體，造成逃貸、暴力催收事件頻發，嚴重損害社會穩定。

專欄 6-1　外賣平台的「高抽成」

全國工商聯向全國政協報送的《關於加強餐飲外賣平台反壟斷監管 協調降低佣金的提案》中指出，平台合理的抽成區間是 10%~15%，超過此區間將使得餐飲企業很難盈利。但是，美團和餓了麼對大型連鎖店的抽成高達訂單額的 15%~18%，對小企業甚至達到 18%~20%。此外，「高抽成」也與平台「二選一」相互倚仗。美團、餓了麼通過「二選一」鎖定餐飲企業，餐飲企業繼而必須接受不斷提高的抽成，持續被平台壓榨。「高抽成」為外賣平台帶來了高收益，但高收益並未明顯驅動研發創新，而是激化了資本逐利。以美團為例，截至 2020 年 9 月 30 日，其經營利潤由上年同期的 3.31 億元增長至 7.68 億元，經營利潤率由 2.1% 提升至 3.7%。但是，美團的高額收入並未都用於創新運營模式、改善騎手福利，而是湧入社區團購。社區團購本質上並不是新模式、新業態，而是旨在短期內推高平台股價，讓利益相關者通過股票套現獲利。非理性的平台逐利嚴重擠壓了線下商超、菜市場的生存空間，形成了資本無序擴張的局面。

二、新業態下就業問題愈加突出

（一）新業態勞動者權益保障問題

數字經濟時代，互聯網改變了企業的商業模式，以網約車、外賣等為代表的平台經濟蓬勃發展，平台靈活用工的模式又衍生出了新就業形態以及大量網約車司機、外賣騎手等新業態勞動者，吸納了大量人員就業。但也應看到，新業態下勞動關係更加複雜，相伴而生的勞動者權益保障問題也逐漸突顯。

當前，網約車司機、外賣騎手等新業態從業人員的勞動過程呈現出以體力勞動為主、職業風險高、議價能力弱、職業安全保障缺失、職業風險分擔能力堪憂等特點，其背後的原因主要有以下三點：一是用工契約不平等。平台靈活用工，依據民事契約來確定權利義務關係，不受《勞動法》的強制性規範，而平台運營公司藉助其對相關信息及技術手段的掌握權，在與騎手的用工關係中處於強勢支配地位。二是職業傷害保障難。由於新型就業勞動關係複雜且不穩定，勞動合同簽約率和五險一金等參保率低，從業人員職業傷害保障全覆蓋遠未實現。三是個體維權難。新業態發展相對迅速，目前尚未形成協會和工會組織為新就業形態的勞動者提供維權服務，更沒有規範的渠道表達該羣體的利益訴求。

（二）數字化轉型帶來失業問題

傳統產業數字化轉型必將使得大量工作崗位被自動化技術替代，尤其是製造業與數字經濟的深度融合將加劇就業崗位的流失。隨着以機器換人為主要方式的智能化生產技術改造加速普及，從事程式化工作的中低技能勞動力已經被部分代替。數字經濟的發展一定程度上弱化了中低學歷勞動力的議價能力，特別是在經濟下行壓力加大的背景下，低學歷人羣應對風險的能力較弱，更容易受到衝擊。而與此同時，新興行業的就業供需矛盾仍然存在，新的用人需求往往對技術等級或職稱有明確要求。總的來看，數字化轉型給勞動力市場帶來了較大負面衝擊。

三、數字經濟領域的國際競爭日益白熱化

在發展規則方面，數字經濟時代大國博弈長期存在，大國對國際權力的爭奪已經突破了原有的地緣政治和意識形態等傳統思維，向數字經濟等經濟領域的新國際規則制定權邁進。隨着數字經濟成為未來發展的主流趨勢和財富的主要來源，網絡技術迭代加速、技術壟斷和跨越式競爭頻發，技術標準制定權與產業發展規則的競爭日益成為主要國家競爭的重點。

在國際競爭方面，數字規則的制定最終會直接影響到中

國企業的國際化發展，同時也會影響到國外互聯網企業在中國的發展。也就是說，企業的國際化競爭已經可以追溯到政府治理層面。在產業發展初期，各國企業會遵循本國政策規則發展壯大，但是互聯網公司從弱監管的區域進入強監管的區域時會面臨極高的進入門檻，而來自監管規則更嚴格的國家的企業進入弱監管國家時面臨的進入成本相對較低，從而會出現進入壁壘不對稱的狀況。

在產業佈局方面，隨着全球產業格局重構，國際分工體系全面調整，產業鏈安全問題進入加速突顯期。傳統數字經濟的全球分工格局正在被打破。由於部分關鍵工業品依賴進口且進口來源地相對集中，中國一批重要產業鏈的安全性已經在短期內面臨相當大的隱患，如以華為為代表的領先企業正遭受着美國嚴厲的技術限制和抑制。增強關鍵環節、關鍵領域、關鍵產品的保障能力，解決「卡脖子」問題，成為當今時代維護發展安全穩定的大事。

第四節　政策建議

構建更加開放、高效、健康的數字生態體系應堅持問題導向，以推動數據要素價值化、深化數字治理、完善規則制

定、強化網絡安全與推動國際化發展等作為建設思路，加速釋
放融合發展潛能，探索數字經濟創新發展新思路、新模式、新
路徑，支撐中國在數字經濟領域發展再上新台階，持續保持引
領能力。

一、加速推進數據要素價值化進程

充分釋放數據要素活力，完善數據要素資源體系，進一
步激發數據價值，提升數據要素的賦能作用，提高數據要素配
置效率。

一方面，推動數據資源化、要素化轉化，特別是形成統
一規範的數據管理制度與數據跨區域流通配置機制，以及實現
數據資源確權、流通、交易和機制化運營的標準流程，推進全
社會數據要素資源高效匯聚、有序流通和深度開發利用。與此
同時，廣泛推動社會數據資源價值提升，特別是打造農業、工
業、交通、教育、安防、城市管理、公共資源交易等領域規
範化數據開發利用場景，實現人工智能、可穿戴設備、車聯
網、物聯網等領域數據採集標準化。另一方面，統籌推進算
力、算法、數據、應用資源協同的全國一體化大數據中心建
設。重點推動一體化算力服務，強化算力統籌智能調度，提升
通用雲計算服務能力，建設面向特定場景的邊緣計算能力，建

立多層次、體系化的算力供給體系。積極推進雲網協同和算網融合發展，滿足在雲、網、邊之間實現按需分配和靈活調度計算資源、存儲資源等需求。

二、多措並舉引導數字經濟健康發展

（一）營造規範有序的政策環境

健全法律法規，制定並完善適應數字經濟新技術新業態新產業發展的政策法規。實施包容審慎監管，深化「放管服」改革，推動事前監管向事中事後監管轉變，充分利用大數據，推進政府決策科學化、社會治理精準化、公共服務高效化。

針對平台經濟這一規模最大、影響力最大的新業態新模式，完善反壟斷體系刻不容緩。一是重視典型案件的引領作用，及時查處嚴重損害公平競爭和消費者權益的典型案件，增強反壟斷執法的威懾力，降低大型數字平台的機會主義傾向，引導大型數字平台從追逐資本回歸到研發創新。二是不斷推動數字平台反壟斷執法的理念創新和工具創新，更加重視開發動態性指標，避免從寬鬆監管的極端走向過度監管的另一個極端。三是突出類型化，增強反壟斷執法的精準度和可操作性，根據不同的平台業務與壟斷行為類型精準施策。四是探索

數字平台內外協同的治理格局，接受全社會的共同監督，提高執法透明度。其中，內部治理包括平台自治、消費者反饋與商家舉證，外部監督包括政府執法、社會組織協助與公眾監督。

（二）夯實數字經濟產業發展基礎

產業生態體系是數字經濟的最小單元，是核心技術攻關突破的立足點，更是構建多維度、全方位數字生態的重要抓手。夯實產業發展基礎是加快推進數字經濟健康發展的重要保障。

一是構建產業體系。數字經濟的發展需要源源不斷的產業創新予以支撐。一方面，面向高端芯片、人工智能、機器人、傳感器、區塊鏈等領域的需求，創建一批國家級產業與工藝創新平台，搭建製造業數字化轉型通用技術支撐平台，促進產業創新持續湧現；另一方面，加快數字經濟孵化器、眾創空間、加速器等中小企業公共服務平台建設，加大對創新創業的扶持力度，加強區域型、行業型、企業型數字化轉型促進中心等公共服務能力建設，打造一批智能化、專業化生產性服務平台。

二是加強後備保障。一方面，加大知識產權保護力度，調動企業研發積極性，使得企業敢於投入研發；完善知識產權相關立法，尤其要着力於政策的落實與執行。另一方面，強化

資金監管。在以往寬鬆的金融監管環境下，資本天生的逐利性和平台雙邊網絡效應追求大規模流量的特質導致金融平台經營者更為注重規模的快速擴張，容易忽視風險控制問題，進而引發系統性金融風險，因此需要充分利用先進技術提升金融監管水平，避免資本無序擴張。

（三）構建多方參與的數字生態系統

一方面，注重數字子系統間橋樑的搭建，實現企業內部信息共享、政府內部協同服務以及政企之間溝通提速，從而提升系統整體運行效率。以企業為主體、以高校為依託、以政府為支持者，深化校企合作，加快構建產學研聯盟，以提升科技成果轉化率。加快整合國內產業鏈，優化企業分工，打造大規模的數字經濟產業集羣。在企業分工方面，政府應引導和督促企業立足自身特點，做大做強各自優勢領域，錯位發展，使其彼此之間形成協同效應。此外，充分發揮有潛力有能力的省（區、市）在相關基礎產業的比較優勢，進一步支撐產業鏈發展。

另一方面，進一步推進數字經濟同實體經濟深度融合。如在製造業方面，可以通過深入實施智能製造戰略，推動企業在資源分配、製造執行、供應鏈管理、倉儲物流管理等環節深化數字技術融合應用，開展工業大數據採集、處理、匯聚、利

用，帶動產業鏈上下游企業加快數字化轉型，進而促進產業鏈整體協同，最終實現製造品質與生產效率的提升。在服務業方面，可以支持消費品產業鏈上下游信息互通，匯集生產、銷售、管理數據，深度挖掘分析市場需求，利用大數據分析輔助產品定位、產品設計、質量提升、精準營銷、定製服務，提升消費品品質。

三、加快提升中國網絡空間安全能力

（一）全面提升網絡安全攻防水平

工信部於 2019 年發佈的《關於促進網絡安全產業發展的指導意見（徵求意見稿）》明確指出，「網絡安全的本質是技術對抗，保障網絡安全離不開網絡安全技術和產業的有力支撐」，充分強調了網絡攻防能力的重要性，並提出應更加重視網絡與數據安全，加大網絡安全投入力度，保護網絡正常運行、免受攻擊。隨着數字經濟規模的不斷擴張，受到外部攻擊的可能性顯著增加，網絡安全是數字經濟的基本保障。下一步需要加強信息保護技術的研發和應用，加快建設和完善基礎網絡、數據中心、雲、數據、應用等一體協同的安全保障體系，建立健全相關安全保障機制。積極開展通信網絡安全防護建設，進一步研究完善海量數據匯聚融合後的風險識別和防護

技術，創新優化數據脫敏技術、數據安全合規性評估認證、數據加密保護機制等相關技術監測手段，打造數字生態系統的安全保障體系，從而維護數字生態系統的正常運行。

（二）確保安全基礎設施同步發展

進一步強化安全保障，統籌推進網絡與信息安全技術手段建設，全面提升關鍵信息基礎設施、網絡數據、個人信息等方面的安全保障能力。推進網絡安全監測和安全防禦能力建設，加快提升防範化解重大網絡安全風險的能力和重大科技基礎設施網絡安全態勢感知與智能防禦能力。同時，強化跨領域、跨部門協作和政企合作，健全網絡安全聯防聯控機制，做好網絡安全審查工作，全面提升關鍵信息基礎設施的安全防護水平，提升 5G 核心網、網絡樞紐、數據中心、骨幹光纜等新型基礎設施的可靠性保障水平，加強網絡、計算、存儲等資源的冗餘配置，提升資源彈性擴展能力。

四、引導支持數字經濟全面開放合作

（一）積極融入國際數字經濟產業體系

當前，數字經濟已成為全球經濟的重要增長點，更日益成為全球合作的契合點。在此背景下，中國應積極探索數字經濟合作新模式，強化國際佈局，推動開放合作，促進數據

等各類創新生產要素在國家間高效流動，加快推動數字貿易佈局發展。

一是大力推動資金流、人流、物流、信息流等創新要素高效有序流動。在保障國內用戶需求和數據安全的前提下，進一步放寬數字經濟相關領域外資市場准入限制，鼓勵符合條件的境外企業提供數字內容增值等數字經濟服務，深化與數字經濟領域前沿國家的科技交流合作。二是加強數字經濟領域的國際合作。積極加強與「一帶一路」沿線國家數字基礎設施互聯互通，鼓勵相關省（區、市）與對應友好城市加強在信息基礎設施、智慧城市、電子商務、遠程醫療、「互聯網＋」、人工智能、物聯網等領域的深度合作，如進一步深化移動支付、法定數字貨幣等金融科技基礎設施的國際合作，推動中歐班列等國際運輸通道信息化升級等。

（二）主動參與數字經濟國際規則制定

面對世界各方在數字經濟治理方面的爭議，中國作為數字經濟規模最大的國家之一，要抓住歷史發展新機遇，積極參與並主動影響數字貿易國際規則的構建，擴大在國際競爭中的話語權。

建議着力發揮新型國際組織的作用，構建數字經濟國際治理新機制。充分發揮重要的新型國際論壇、國際組織的議

事作用，利用平台組織、倡議、推動數字經濟治理規則的制定。從中國的優勢出發，從存在潛在拓展空間的國家的發展現實出發，儘快在外資准入、數字稅收、數據本地化、數據使用便利化等重點方面提出有利於發展中國家共同發展的新方案，聯合有共同訴求的國家加快推動標準普及，從而在國際治理體系成型前為中國數字經濟全球化發展爭取發展空間。例如，充分發揮「一帶一路」等國際合作新平台的帶動作用，將數字經濟治理融入「一帶一路」建設中，藉助「一帶一路」建設激活從東亞到歐洲沿線區域的網絡基礎設施建設，推動沿線數字貿易發展，構建沿線國家網絡空間命運共同體。

（三）注重國內規則與國際規則的協同

當前數字經濟治理的國內規則與國際規則均存在較大不確定性，也存在較大相互交叉的領域，中國還需注意國內規則與國際規則的協同，重點在兩方面：一方面，注重數據安全治理規則的國際協同。中國要建立以確保數據安全為核心的數字經濟治理體系，建立關於數據開放、數據資產管理、數據安全保護和數據共享交易安全等的治理規則，力爭使自身規則與國際規則在理念和做法上接軌。另一方面，注重數字貿易治理規則的國際協同。目前，有的數字貿易內容已具有成熟的治理規則，對於已有的、成熟的國際規則，要積極適應，不斷修訂

和完善自身治理規則，努力實現國內規則與國際規則的協同；有的數字貿易內容治理規則尚不健全，如在應用基礎設施、互聯網融合服務等領域，治理的規則體系尚未形成，針對這些領域，則應儘早謀劃，在借鑒已有經驗的基礎上提出中國方案、設計中國規則[1]。

1　董瑩楠，杜慶昊.積極參與數字經濟國際規則制定 [EB/OL]．（2020-05-15）[2021-08-19].http://www.qstheory.cn/llwx/2020/05/15/c_1125987835.htm.

第七章

總結與展望

　　本書的前六章分別從數字技術創新、數字產業化、產業數字化、數字社會建設、數字政府建設，以及數字生態建設等角度對現代化新征程中的中國特色數字經濟體系進行了解讀。本章對前六章的內容進行總結和提煉，綜合梳理中國數字經濟發展的基本經驗、存在的問題和面臨的挑戰，提出有針對性的政策建議。

第一節　中國數字經濟發展現狀與基本經驗

一、中國數字經濟發展現狀 [1]

（一）數字產業化穩步發展

　　2019 年，中國數字產業化向高質量發展進一步邁進，行業實力不斷增強，增加值規模達到 7.1 億元，同比增長

1　本部分根據筆者 2021 年發表在《國家治理》周刊上的文章《中國數字經濟發展的主要特點和突出優勢》改寫。李三希 . 中國數字經濟發展的主要特點和突出優勢 [J]. 國家治理，2021（18）：3-7.

10.54%[1]。一是信息基礎設施建設取得跨越式發展。當前，中國已經建成了全球規模最大的光纖網絡、4G 網絡，5G 網絡也已全面啟動部署，行政村通 4G 及光纖網絡的比例超過 98%，固定網絡和 LTE 網絡 IPv6 改造也已全面完成。在數據基礎設施建設方面，近年來，新一代雲計算平台加速構建，正逐步向規模化、大型化發展，全國一體化大數據中心加快建設，多方向大容量的國際傳輸網絡架構也已基本形成，為數字經濟新興業態和融合應用提供了強大的支撐保障，有力地支持了數字產業化的高質量發展。二是數字化消費新業態新模式加快形成。在抗擊新冠肺炎疫情期間，數字技術和數字服務發揮了重要作用，顯示出更為廣闊的應用前景，更加強勁的增長動力，消費者的在線消費習慣也得到了進一步培養，重量級消費新形態正在加快創造。其中，遠程辦公、在線教育、智慧醫療、電子政務等各類線上服務在疫情期間實現了爆發式增長，數字經濟的優勢進一步突顯出來。此外，在 5G 等新興數字技術支持下，數字傳媒、智能家居等新型數字產業也正迎來快速發展。

1　中國信通院．中國數字經濟發展白皮書（2020 年）[R/OL]．（2020-07-03）[2021-04-19].http://www.caict.ac.cn/kxyj/qwfb/bps/202007/P020200703318256637020.pdf.

（二）產業數字化進程提速

2019 年，中國產業數字化領域增加值約為 28.8 萬億元，佔當年 GDP 的比重達 29%，在數字經濟中的主引擎地位更加突出，已經發展成為推動中國數字經濟發展的主導力量[1]。一是數字技術創新助推產業轉型升級。近年來，中國在人工智能、深度學習、大數據與雲計算等前沿數字技術領域的研發取得了較大進展，新一代信息技術為數字經濟的發展壯大提供了良好支撐，對帶動產業數字化轉型和完善數字經濟產業鏈具有重要作用。當前，製造業企業的數字化基礎能力穩步提升，智能化、自動化水平不斷提高，製造業正日益成為數字經濟的主戰場。二是數字經濟融合發展取得重要進展。近年來，中國數字經濟同實體經濟的融合範圍不斷拓展，融合程度也在不斷提高。例如，工業互聯網的創新發展帶動形成了智能製造、個性定製、網絡協同、數字管理等新業態新模式，推動數字經濟進一步向實體經濟中的更多行業、更多場景延伸。

（三）數字化治理成效顯著

近年來，中國政府高度重視數字化治理，大力推進數字

1　中國信通院. 中國數字經濟發展白皮書（2020 年）[R/OL].（2020-07-03）[2021-04-19].http://www.caict.ac.cn/kxyj/qwfb/bps/202007/P020200703318256637020.pdf.

政府建設並取得了積極成果。當前，中國國家治理現代化能力建設取得關鍵進展，各地各級政府機構政務服務線上化推進速度明顯提升，「掌上辦」「一網通辦」等電子政務平台加速上線，一體化政務服務平台服務能力顯著增強，跨地區、跨部門、跨層級業務辦理能力和快速響應能力也在持續提升。截至 2020 年 12 月，中國互聯網政務服務用戶規模達 8.43 億人，佔到全國網民總數的 85.2%。中國電子政務發展指數全球排名從 2018 年的第 65 位提升至第 45 位，創下歷史新高，達到全球電子政務發展「非常高」的水平，其中在線服務指數由全球第 34 位快速提升至第 9 位，邁入全球領先行列 [1]。隨着數字技術與傳統產業加速融合，中國的國家治理體系也向着更高層級加速邁進。從治理方式來看，數字經濟強有力地推動了國家治理由個人判斷、經驗主義的模糊治理轉變為細緻精準、數據驅動的數字化、標準化、規範化治理。與此同時，大數據、雲計算等先進數字技術同傳統公共服務的融合應用更是增強了治理體系的態勢感知、科學決策、風險防範以及應急響應能力，有力地支撐了數字化公共服務均等化進程的加速推進。

1　中國互聯網絡信息中心，第 47 次中國互聯網絡發展狀況統計報告 [R/OL]．（2021-02-03）[2021-08-19].http://www.cac.gov.cn/2021-02/03/c_1613923423079314.htm.

（四）數據價值化加速推進

當前，中國政府高度重視數字經濟發展中數據的重要作用，先後出台了一系列政策文件，加快打造「市場有效、政府有為、企業有利、個人有益」的數據要素市場化配置機制。2020 年 4 月 9 日，中共中央、國務院發佈《關於構建更加完善的要素市場化配置體制機制的意見》，明確提出要加快數據要素市場培育，標誌着數據與土地、勞動力、資本、技術等要素一起，融入了中國經濟價值創造體系，成為數字經濟時代的基礎性戰略性資源和重要生產力。2021 年 1 月 31 日，中共中央辦公廳、國務院辦公廳進一步推出了《建設高標準市場體系行動方案》，明確提出要加快培育發展數據要素市場，加快建立數據資源產權、交易流通、跨境傳輸和安全等基礎制度和標準規範，推動數據資源開發利用。中共中央高度重視並明確確認了數據要素的經濟價值，為中國數字經濟發展駛入快車道奠定了基礎。

在中央政策的引導下，各地方紛紛將政策着力點放在促進數據流通交易上，並高度重視本地的大數據交易平台建設。例如，2015 年，貴陽大數據交易所正式掛牌運營並完成了首批大數據交易；此後，北京、上海、深圳也先後探索建立了北京國際大數據交易所、上海數據交易中心和上海市大數據

中心、粵港澳大灣區大數據中心等數據交易中心，依託現有交易場所陸續開展數據交易。

二、中國發展數字經濟的基本經驗

中國數字經濟發展到今天，取得的成就舉世矚目，規模穩居全球第二。來自美國和中國的互聯網公司牢牢佔據了全球市場的前十名，不論是歐盟、日韓，還是印度，都缺乏具有競爭力的互聯網公司。那麼，中國數字經濟快速發展到底有什麼經驗？總結起來，我們認為有以下三點。

首先，充分發揮了市場在資源配置中的決定性作用，讓中國企業家的才能得到了最大限度的施展。改革開放以來，中國政府高度重視市場配置資源的作用，企業家和企業家精神受到充分尊重。在良好的氛圍中，在政策的大力支持下，中國的企業家們充分施展自己的才能，發揮本土競爭優勢，在社交、電商、網約車等領域面臨國外互聯網巨頭的挑戰與激烈競爭時，成功勝出。

其次，政府在數字經濟基礎設施的建設中發揮了關鍵性作用。數字經濟中虛擬網絡的構建離不開光纜、移動通信等信息基礎設施的完善，數字經濟中最重要的物流環節也離不開鐵路、公路、水路等交通基礎設施的完善。這些基礎設施投資

大、周期長，基本上由政府來提供。中國政府過去幾十年在基礎設施上的建設成就有目共睹，促進了數字經濟的繁榮發展。

最後，政府在數字經濟方面一直採取包容審慎的監管政策。數字經濟產生了大量的新業態、新模式和新產業，同時伴隨着許多新問題。中國政府在過去二十多年裏，在面對新事物時，一直採取包容審慎的態度，給市場留出了足夠的時間和空間，促進了大型數字企業的發育成長。相比而言，歐盟對數字企業一直採取強監管措施，從而一直無法孕育出具有國際競爭力的數字企業。當然，包容審慎並不意味着不管，在今天，數字經濟帶來的一些問題對經濟社會的影響已經無法忽視，因此引導數字經濟健康有序發展將會是未來監管政策的重點。

第二節　中國發展數字經濟的優勢與挑戰

一、中國發展數字經濟的主要優勢 [1]

在發展數字經濟方面，中國有以下五點突出優勢。

1　本部分根據筆者 2021 年發表在《國家治理》周刊上的文章《中國數字經濟發展的主要特點和突出優勢》改寫。李三希. 中國數字經濟發展的主要特點和突出優勢 [J]. 國家治理，2021（18）: 3-7.

（一）制度優勢

一是有助於推動中國新型基礎設施加快建設。中國的制度優勢使得政府能夠在數字經濟基礎設施的建設上大有作為。新型基礎設施建設具有規模大、涉及產業廣、所需投資大等特點，高昂的建設成本必然需要企業和民間資本的參與支持。中國獨有的集中力量辦大事的制度優勢，有助於組織好各類資本力量參與新型基礎設施建設，對於促進新型基礎設施建設高質量發展、為數字經濟生態體系的發展完善奠定基礎，具有重大的現實意義和戰略意義。二是有助於形成包容寬鬆的政策法規體系。當前，政府、企業、居民對發展數字經濟的認識進一步得到統一，從中央到地力的自上而下的政策部署為數字經濟的發展營造了良好的政策環境，將助力數字經濟新產業、新業態和新模式所蘊藏的巨大潛力和強大動能不斷釋放。在過去幾十年裏，中國政府對數字經濟一直持包容寬鬆的監管態度，並在國家戰略高度重視發展數字經濟。近年來，隨着促進消費擴容提質、推進「上雲用數賦智」行動、數字化轉型夥伴行動（2020）、支持新業態新模式健康發展等政策和行動相繼推出，中國數字經濟快速發展的制度優勢日益突顯。

（二）廣闊的市場空間

一是市場規模優勢。數字經濟的典型特徵是具有網絡外

部性，市場規模越大，越有利於海量數據的產生，也就越有利於數字經濟的發展。中國有擁有 14 億人口的強大內需市場，網民規模巨大，截至 2020 年 12 月，中國網民規模達 9.89 億人，互聯網普及率已經達到 70.4%。強大的國內市場更有利於數字經濟充分發揮降低市場交易成本和協調成本的能力，促進有效分工，從而顯著提升市場效率。二是消費者羣體優勢。中國擁有獨特的數字消費者羣體，消費者數量龐大，各類數字產品的應用滲透率都處在世界前列，數字消費者指數更是排名全球第一。其中，龐大的消費者羣體促使各個數字經濟企業不斷拓展新場景、開發新產品，以滿足消費者獨特且多變的需求。當前，越來越多的中國互聯網公司開始採用獨特的生態戰略，全場景與消費者溝通，使用社會化的方式完成更多新產品新服務的生產和提供。三是消費變革優勢。當前，中國擁有 4 億中產消費人口，消費升級需求強勁，是少數擁有一、二、三、四、五線城市的國家，為數字經濟發展提供了多樣化的應用場景，有助於降低企業創新創業的試錯成本。在大數據、人工智能等領域，數字經濟有條件依託海量數字化消費者的獨特場景實現快速發展。此外，中國仍有部分產業的成熟度較低，人民日益增長的美好生活需求難以被傳統行業滿足，數字經濟將提供更具創造性的解決方案，直擊消費者痛點，在將來

有望依託消費改革優勢實現跨越式發展。

（三）領先的平台企業

一是市場主體優勢。近年來，中國在電子商務、移動支付、共享經濟等數字經濟核心領域已經培養出了一大批走在世界前列的數字平台企業，國內在阿里巴巴、騰訊、華為、百度等龍頭企業帶動引領下，依託相關平台集聚了一批中小企業，深耕場景，不斷迭代平台力量，並在市場力量和政府聯盟等組織推動下獲得了人才、金融、新型基礎設施、制度等多要素的支撐，形成了一個大的數字產業生態，對傳統產業轉型升級產生了積極影響。此外，全球領先的龍頭企業能夠充分發揮國際話語權優勢，在國際合作中深化對外經貿投資合作與技術交流，通過參與電子商務、移動支付、數字內容等領域國際規則的制定，為中國更多的數字經濟企業「走出去」奠定良好的規則基礎。二是協調配置優勢。在數字經濟時代，中國的互聯網平台正逐漸成為協調和配置資源的基本經濟組織，成為中國商業發展的重要加速器。眾多平台企業通過打造共建共贏的生態系統，推動了整個社會的數字化，為中小微企業提供可負擔的、世界級的數字基礎設施，促使更多有利資源實現高效化集聚，從而讓整個社會信息成本大幅度下降，更讓更大範圍的廣泛協同成為可能。一方面，數字經濟能夠依託平台的組織降低

信息不對稱程度，減少生產要素冗餘投入或閑置造成的浪費；另一方面，互聯網平台能夠通過技術和模式創新打破各類要素投入生產的時間和空間約束，擴大有效生產要素的資源供給。

（四）完整的工業體系

一是產業優勢。中國已成為製造業大國，是全球唯一擁有聯合國產業分類中全部工業門類的國家，擁有世界上最完備的工業體系，在工業互聯網快速發展的今天將帶來更多的數據紅利。例如，由於中國擁有完整的產業鏈，當前世界上多數電子產品都在中國生產，僅蘋果公司在中國就有近 400 家供應鏈企業，完整的供應鏈也有助於為各個產業中數字技術的更新迭代及應用實驗提供創新便利和成本優勢。二是技術優勢。信息技術的持續迭代為數字經濟增長注入了全新活力。近年來，中國在 5G、人工智能、量子計算、物聯網、區塊鏈、大數據、VR/AR/MR、超高清等優勢信息技術領域持續實現突破，並加快促進產業化應用，為數字經濟的蓬勃發展提供了支撐。與此同時，數字技術突破和融合發展的賦能效應正在快速呈現，創新紅利持續釋放，有力地推動了對傳統經濟的滲透補充及其轉型升級。三是後發優勢。總體來看，中國產業數字化轉型仍處於起步期，傳統產業數字化程度還有待提高。與此同時，數字經濟在不同區域之間、城鄉之間發展不平衡問題日益

突顯，偏遠落後地區、農村地區還有大量的數字化需求未能得到滿足，數字化的潛力十分巨大，有利於加快培育數字經濟增長點、形成新動能。此外，中國原來經濟體系建設中存在一些不完善的因素，經濟體系較國際先進水平有較大差距，反而使得中國在數字經濟發展過程中沒有歷史包袱，具有後發優勢。典型的例子就是移動支付在中國的快速崛起。正是由於中國沒有歐美國家那樣發達便捷的信用卡支付體系，因此使得移動支付在中國異軍突起。中國不必完全遵循西方國家數字化、網絡化、智能化的發展路徑，可以充分發揮後發優勢，實現並聯式跨越式發展，推動產業技術革命，直接打造中國智能製造。

（五）豐富的人力資源

一是人才質量不斷優化。隨着人才強國戰略的深入推進實施，中國教育體系日益優化，科技和創新人才隊伍建設取得積極進展。近年來，中國人才優勢不斷積累，勞動力紅利逐步向工程師紅利轉化，為數字經濟的高質量發展奠定了雄厚的智力資本。此外，中國人才整體素質不斷提高，人才的想像力、參與感、創造力和協作力持續提升，人才規模不斷擴大，人才流動持續加快，人才隊伍構成更加多元化，政府對各類人才服務、支持和管理的力度也進一步加大，這些

都為數字經濟發展提供了有力保障。二是人才吸引力逐步增強。當前，中國數字經濟產值佔 GDP 的比重接近 40%，其增速遠遠超出 GDP 增速，從業人員約 2 億人，在國民經濟中的地位舉足輕重，數字經濟正在成為驅動經濟增長、吸納就業的新引擎。與此同時，中國還積極營造有利於人才成長的環境，在研究經費、個人稅收、簽證、戶口、子女教育等方面提供優惠便利條件。從全球人才轉移趨勢來看，來華工作的國際人才日益增多，為提升中國數字經濟的國際競爭力貢獻了新的力量。

二、中國發展數字經濟面臨的挑戰和障礙

（一）數字經濟關鍵技術缺失，基礎研究薄弱

中國數字技術發展迅速，在 5G 通信、人工智能、區塊鏈、雲計算、大數據等技術領域雖然取得了不錯的成績，但是在一些核心技術上和在一些關鍵領域仍然存在短板，存在「卡脖子」的問題。工信部 2019 年調查研究發現，在數字經濟領域，中國在高端芯片、嵌入式 CPU、存儲器、量子器件、基礎算法、工業軟件等 300 多項核心關鍵技術上仍然受制於人。以高端芯片為例，中芯國際目前的工藝生產水平為 14nm，而國際先進水平已經達到 5nm。

　　關鍵技術受制於人，反映出中國整體創新能力仍然欠缺。一是基礎研究太過薄弱，缺乏原創性重大創新成果。根據 OECD 的數據，2015—2018 年，中國基礎研究投入佔研發總經費的比重僅為 5% 左右，而日本這一比重在 11% 以上，美國則在 16% 以上。企業基礎研究投入佔比更低，在 2018 年，中國企業研發投入中基礎研究投入佔比只有 0.22%，遠低於日本的 7.81% 和美國的 6.21%。二是中國數字經濟創新人才匱乏。數字人才在各個領域缺口巨大，僅在人工智能領域缺口就達 30 萬人。三是產學研深度融合的技術創新體系尚未健全。產學研合作中缺乏激勵相容的成果和利益分配長效機制，條塊分割的體制障礙和人才流動障礙制約了產學研深度融合[1]。四是知識產權保護體制也面臨數字經濟帶來的新挑戰。

（二）數字產業化發展不平衡不充分，市場還需進一步規範

　　在數字產業化取得巨大成績的同時，發展不平衡不充分問題進一步顯現。一是數字產業化多是商業模式創新，關鍵核心技術創新遠遠不夠，持續創新能力有待提高，頭重腳輕的問

1　杜傳忠，任俊慧. 中國製造業關鍵技術缺失成因及創新突破路徑分析 [J]. 經濟研究參考，2020（22）：10-18.

題亟待解決。二是信息基礎設施建設不平衡不充分，整體服務質量還有待提升，服務價格還有待優化，中西部和東北地區仍然比較落後，海底與空間信息基礎設施建設能力非常不足。三是產業互聯網發展較為滯後。產業互聯網起步較晚，傳統互聯網巨頭轉型效果不佳，專業化產業互聯網公司體量與美國相比差距巨大，應用場景分佈不平衡。四是平台經濟發展亟待規範。傳統經濟發展不規範現象（如侵權假冒、虛假宣傳等行為）在平台經濟中被進一步放大，而平台經濟需求端網絡效應導致贏者通吃，市場高度集中，平台企業濫用市場支配地位問題突顯，平台企業與參與平台市場的經濟主體之間矛盾突出。五是數據要素市場不完善，數據確權、數據安全、隱私保護和數據壟斷等基本問題仍未找到合理的解決方案。

（三）企業數字化轉型面臨實際困難，產業數字化轉型任重道遠

從企業層面來看，企業數字化轉型的短板主要有四方面：一是轉型能力不夠，數字人才儲備不足，導致「不會轉」；二是技術門檻高，技術基礎差，業務創新能力不強，導致「不能轉」；三是轉型成本高，資金儲備不足，轉型認知度較低，導致「不願轉」；四是外部經濟環境不確定性增加，數據安全隱患沒有得到解決，導致「不敢轉」。

從產業層面來看，數字化轉型面臨着如下問題：一是技術產業短板突出，數字平台技術規模效應不足，產業數字化程度較低，發展不均衡；二是數字產業化轉型體系不健全、體制不完善，數據要素支撐不足，產權界定和產權保護問題亟待解決；三是跨界人才供給缺乏，需警惕結構性失業等風險；四是數字基礎設施建設有待進一步夯實，數字產業與傳統產業融合，數字技術與實體經濟融合，信息技術、新基礎設施建設與傳統產業融合等有待進一步深入；五是網絡安全問題需儘早解決。

（四）數字社會建設相對滯後，數字鴻溝問題進一步突顯

中國數字社會建設雖然已經取得階段性進展，但仍面臨基礎設施建設不平衡不充分、數字化城鄉建設有待加強、數字鴻溝仍然存在等諸多問題，亟待解決。一是國家層面的數字基礎設施建設有待優化，信息基礎設施、融合基礎設施和創新基礎設施建設均存在不平衡不充分的問題。二是智慧城市和數字鄉村建設仍有較大發展空間，集中體現在頂層設計和統籌規劃有待完善、政策落地程度有待提升、社會資本參與度有待提高等方面。三是數字化帶來的數字鴻溝問題日益突顯，主要表現為「接入鴻溝」「使用鴻溝」和「能力鴻溝」。一方面，不同區域間數字化程度存在差異。北京、上海、廣州等經濟領先地

區的信息化發展水平明顯高於其他地區，相比之下，仍有部分偏遠地區尚未完全接入寬帶網絡，導致數字社會建設中仍然存在「盲點」和「盲區」。另一方面，不同人羣的數字化能力也存在差異。目前仍有部分居民因為數字技能或知識有限，無法順利使用數字技術，此類非網民羣體常常在出行、消費、就醫等日常生活中遇到不便，從而無法充分享受到社會數字化智能化轉型帶來的便利。

（五）數字政府建設有待完善，多部門協同聯動有待加強

儘管數字政府建設正在如火如荼地進行，但數字化對政府組織結構和治理服務體系的優化作用還尚未完全顯現，公共數據開發利用領域資源共享難、互聯互通難、業務協同難等相關問題依然突出，全國層面的政府部門縱橫聯動能力相對較弱，新時代下數字政府的職能定位還需與時俱進。長期來看，中國的數字政府建設仍有較大的改進優化空間。

一是公共數據開發利用機制有待完善。目前，中國的數據中心整體建設和統一規劃相對滯後，政府內部各區域各部門在數據層面的輔助決策和協調聯動相對較弱，直接制約了數據資源的流通和利用，對實體經濟的賦能帶動作用也相對不足。二是政府部門的縱橫聯動能力有待提升。由於各區域經濟發展水平不同，基層或落後地區數字基礎設施建設較為落

後，直接導致了數字政府建設中的碎片化現象，離實現全國一體化聯動治理還有一段距離。三是數字政府的職能作用有待明確。數字技術催生的工業互聯網、共享經濟等新業態新模式在發展過程中涉及多部門協調，開展社會治理變得更加複雜和不可預知，僅僅靠政府力量開展市場監管、社會治理和提供公共服務遠遠不夠，需要引導全社會共同參與。

（六）數字生態建設尚處於初級階段，存在多類問題亟待解決

目前，中國數字生態體系構建尚不完善，數字經濟發展過程中還面臨着數據要素流動不暢、基礎設施建設不完善、數字人才供給不充足等諸多問題，政府部門針對數字經濟的監管治理也相對落後，網絡安全和國際化發展方面還有較大改進空間。

一是數字經濟發展過程中，產業發展所需的要素供給相對不足，主要體現在數據流通不順暢、基礎設施建設不完善，以及數字經濟人才供給不充足三大方面。二是政府部門針對數字經濟的監管治理相對落後。近年來，以平台為核心代表的數字經濟新業態快速發展，而由於監管政策和法律法規體系相對滯後，一系列問題相繼湧現，而與此同時，包括執法規則、執法工具、執法過程與執法結果在內的執法體系卻因為滯

後於新業態新模式的發展而無法充分發揮作用，長期中將影響數字經濟的健康發展和全社會福利水平的提升。三是網絡安全保護能力亟須提升。近年來，數據泄露事件頻繁發生，針對關鍵信息基礎設施的攻擊也時有發生，嚴重威脅着數字經濟生態的正常運行，而中國在相關領域的法律法規體系尚不健全，網絡安全領域的人才也略顯不足。四是數字經濟的國際化發展有待深化。受治理標準不統一和地緣政治風險的限制，中國數字經濟企業的國際化發展步伐屢屢放緩，數字經濟領域整體的國際化發展能力也亟待提升。

第三節　推動中國數字經濟健康發展的政策建議

一、完善數字創新體系，攻克數字核心技術

創新為源，通過加大對基礎研究的投入，強化基礎研究。通過政府採購、稅收優惠、金融支持等政策手段，加快科技成果轉化，進一步支持企業提升自主創新能力。人才為本，通過加強關鍵學科建設，新設立以國家戰略需求為導向、瞄準科技前沿和關鍵領域的急需學科。改革科研體制，充分調動科研人員積極性。提高高端人才待遇，大力引進頂

尖、高端人才團隊，加強創新人才培養過程中的國內區域合作和國際合作，培養高素質數字經濟創新人才。體系支撐，通過構建激勵相容的產學研成果和利益分配機制，改革高校科研評價體制，充分發揮企業創新的主觀能動性，以重大項目為紐帶，構建「多元、融合、動態、持續」的產學研協同創新模式與機制。法律保障，順應數字經濟發展潮流，擴大知識產權保護範圍和更新頻率，合理合法利用《反壟斷法》等法律防止國際高科技公司對知識產權保護的濫用，適應開源創新體系，重視左產權保護。合作共贏，進一步推動科技創新的國際交流合作，構建自主創新和開放創新耦合協調的創新體系。

二、進一步推進發展和規範並重的數字產業化

完善創新體系，通過完善政產學研深度融合的創新體系，完善知識產權保護體系，進一步保護模式和業態創新，通過加強反市場壟斷和行政壟斷來保持市場創新活力；進一步提高通信服務質量和降低服務價格，加快建設中西部和東北地區信息基礎設施，佈局海底和空間通信技術，推進信息基礎設施平衡和充分發展；進一步推動產業互聯網發展，通過加快中小企業數字化轉型，鼓勵平台企業和行業龍頭企業建立產業互聯網平台，完善產業互聯網數據規則，構建共贏共建共享的產業

互聯網生態；規範平台經濟，進一步加強平台經濟反壟斷，構建與數字經濟相適應的反壟斷框架，維護公平公正的市場競爭秩序，保持市場創新活力；完善數據要素市場建設，進一步明確數據要素確權、數據安全、隱私保護和數據反壟斷等方面的規則，實現數據要素價值最大化。

三、正視企業數字化轉型的實際困難，多措並舉推動傳統產業全方面進行數字化轉型

從企業層面看，第一是加強數字化人才培養，多樹立數字化轉型樣板，解決企業「不會轉」的問題。第二是降低數字化轉型的技術門檻和資金門檻，解決企業「不能轉」的問題。第三是降低企業數字化轉型成本，解決企業「不願轉」的問題。第四是優化宏觀運行環境，完善數據安全規則，解決企業「不敢轉」的問題。

從產業層面來看，要利用數字技術對傳統產業進行全方位、多角度、全鏈條的數字化改造。一是推進數字化技術改造、服務業數字化和工業互聯網平台建設；二是政企協同雙向發力，強化數據要素驅動；三是培養複合型跨界人才，完善社會保障體制；四是夯實傳統基礎設施建設，提升新型基礎設施建設，形成融合共生新生態；五是加快制定與數字經濟發展

相配套的法律法規，完善法律保障，推動網絡安全建設，推
進國家數字創新試驗區建設，實現數字化安全與數字化發展
同步提升。

四、創新數字解決方案，全面推進數字社會建設

積極創新數字解決方案，應對社會問題新挑戰。一方
面，推動社會服務模式創新和均等化，以共建共享的模式統籌
佈局一批新型數字基礎設施，協同推進智慧城市和數字鄉村建
設，通過數字化和智能化的分析處理改善城市和鄉村健康、教
育、公共安全、金融等領域的民生服務。率先解決部分落後區
域寬帶建設滯後、網絡終端等硬件設施不完善等問題，着力緩
解或消除地區間數字化發展不平衡問題，擴大優質社會服務輻
射範圍，進一步提升公眾生活滿意度。另一方面，高度重視全
民數字技能的提升，構建提高全民數字技能的教育體系，健全
數字人才培養機制，同時進一步降低數字技術使用門檻，加快
解決日益突顯的數字鴻溝問題。此外，建立對重點方向的持續
投入機制，完善社會各方多渠道支持格局，鼓勵社會力量參與
社會建設，並進一步引導市場探索數據等生產要素高效配置
方法，創新服務模式和產品供給，拓展數字時代的消費新業
態，推動數字經濟新模式加快落地。

五、推進數字政府建設，提升政府治理水平

　　將數字政府建設作為政府實現數字化轉型的載體，全面提升政府治理和公共服務的數字化、網絡化、智慧化水平。一是加快推進公共數據開發利用，在盤活現有政務數據資源的基礎上，推動數據跨業務、跨部門、跨層級、跨區域、跨系統的協同治理，同時加快政府數據開放平台建設，進一步優化公共數據共享利用體系。二是大力推動政務信息共建共用，加大政務信息化建設統籌力度，充分發揮國家數據共享交換平台的樞紐作用，持續深化政務信息系統整合，同時加快建設一體化政務大數據中心體系，持續深化「互聯網＋政府服務」，以開放合作、集約建設的政企協同模式為發展思路，引導和支持社會各經濟主體積極參與，有效利用社會化服務資源，共同推進數字政務建設的創新優化。三是全面提升數字政府的智能化水平，在政務服務、經濟調節、社會治理和政府運行等領域重點發力開展數字化轉型，以為人民服務為根本出發點，立足需求側，根據羣眾和企業的需求創新供給側的公共服務提供，構建普惠、便捷、高效的政府治理體系。

六、堅持數字化發展思路，構建數字生態體系

　　圍繞數據要素價值化、數字治理與規則制定、網絡安全

與國際化發展等建設思路，構建數字生態體系。一是加速推進數據要素價值化進程，充分釋放數據要素活力，完善數據要素資源體系，進一步激發數據價值，提升數據要素的賦能作用，提高數據要素配置效率。二是健全法律法規，營造規範有序、適宜數字經濟高質量發展的政策環境，不斷夯實數字經濟產業發展基礎，構建多方參與的數字生態系統，多措並舉引導數字經濟健康發展。三是更加重視網絡與數據安全，加大網絡安全投入力度，推進網絡安全監測和安全防禦能力建設，確保安全基礎設施同步發展，打造數字生態系統的安全保障體系，從而維護數字生態系統的正常運行。四是積極探索數字經濟合作新模式，強化國際佈局，推動開放合作，促進數據等各類創新生產要素在國家間高效流動，加快推動數字貿易佈局發展，抓住歷史發展新機遇，積極參與並主動影響數字貿易國際規則的制定，同時注意國內規則和國際規則的協同，為數字經濟領域的國際治理提出中國方案，擴大在國際競爭中的話語權。

參 考 文 獻

[1] 曹亮亮 . 數字政府升級和重塑的四個路徑 [J]. 人民論壇，2019
     （23）：60-61.

[2] 陳國青，曾大軍，衞強，等 . 大數據環境下的決策範式轉變與使
     能創新 [J]. 管理世界，2020（2）：95-105.

[3] 陳文玲 . 科技戰可能是拜登政府與中國博弈的主軸 [EB/OL].
     （2021-05-25）[2021-08-19].https://baijiahao.baidu.com/
     s?id=17007 15839038862049&wfr=spider&for=pc.

[4] 董瑩楠，杜慶昊 . 積極參與數字經濟國際規則制定 [EB/OL].
     （2020-05-15）[2021-08-19].http://www.qstheory.cn/llwx/2020-
     05/15/c_1125987835.htm.

[5] 杜傳忠，任俊慧 . 中國製造業關鍵技術缺失成因及創新突破路徑
     分析 [J]. 經濟研究參考，2020（22）：10-18.

[6] 工信部 . 2020 年軟件和信息技術服務業統計公報 [EB/OL].（2021-
     01-26）[2021-08-19].http://www.stats.gov.cn/tjgz/tzgb/202106/
     t20210603_1818129.html.

[7] 郭朝先，劉艷紅 . 中國信息基礎設施建設：成就、差距與對策 [J].
     企業經濟，2020（9）.

[8]　郭凱明，潘珊，顏色 . 新型基礎設施投資與產業結構轉型升級 [J]. 中國工業經濟，2020（3）：63-80.

[9]　郭滕達，周代數 . 區塊鏈技術與應用發展態勢分析：中美比較視角 [J]. 信息技術與網絡安全，2020（8）：1-5.

[10]　國家工業信息安全發展研究中心 . 2020 人工智能與製造業融合發展白皮書 [R/OL].（2020-11-21）[2021-08-19]. https://www.sgpjbg.com/baogao/61706.html.

[11]　國家互聯網信息辦公室 . 數字中國發展報告（2020 年）[R/OL].（2021-06-28）[2021-08-19]. http://www.cac.gov.cn/2021/06/28/c_1626464503226700.htm.

[12]　國脈研究院 . 數字政府白皮書 2.0[R/OL].（2020-01-07）[2021-08-19]. http://echinagov.com/report/271760.htm.

[13]　國務院發展研究中心「國際經濟格局變化和中國戰略選擇」課題組 . 全球技術變革對國際經濟格局的影響 [J]. 中國發展觀察，2019（6）：11-20.

[14]　江小涓 . 以數字政府建設支撐高水平數字中國建設 [J]. 中國行政管理，2020（11）：8-9.

[15]　習近平 . 決勝全面建成小康社會 奪取新時代中國特色社會主義偉大勝利：在中國共產黨第十九次全國代表大會上的報告 [EB/OL].（2017-10-27）[2021-08-19]. jhsjk.people.cn/article/29613458.

[16]　李三希 . 中國數字經濟發展的主要特點和突出優勢 [J]. 國家治理，2021（18）：3-7.

[17]　柳俊 .「雙循環」新發展格局下的產業數字化轉型 [EB/OL].（2021-08-14）[2021-08-19]. https://www.sohu.com/a/483290010_100276736.

[18] 陸峰. 加快數字政府建設的七大要點 [EB/OL].（2018-04-26）[2021-08-19].https://news.gmw.cn/2018-04/26/content_28499224.htm.

[19] 馬長駿. 把握數字政府建設的理念變革 [EB/OL].（2018-08- 27）[2021-08-19].http://www.cac.gov.cn/2018-08/27/c_1123333481.htm.

[20] 美國眾議院. 數字市場競爭狀況調查報告 [EB/OL].（2021-01-17）[2021-08-19].http://www.199it.com/archives/1134717.html.

[21] 潘定，謝茵. 數字經濟下政府監管與電商企業「殺熟」行為的演化博弈 [J]. 經濟與管理，2021，35（1）：77-84.

[22] 前瞻產業研究院.2022—2027 年中國人工智能行業市場前瞻與投資戰略規劃分析報告 [R/OL].[2021-03-15].https://doc.mbalib.com/view/a29e0d976e183 d91de6f21d67c6a9dd3.html.

[23] 清華大學中國科技政策研究中心. 中國人工智能發展報告 2018[R/OL].（2018-07-24）[2019-02-23].http://www.clii.com.cn/lhrh/hyxx/201807/P020180724021759.pdf.

[24] 沈費偉，袁歡. 大數據時代的數字鄉村治理：實踐邏輯與優化策略 [J]. 農業經濟問題，2020，490（10）：82-90.

[25] 國家統計局. 數字經濟及其核心產業統計分類（2021）[EB/OL].（2021-06-03）[2021-08-19].http://www.stats.gov.cn/tjgz/tzgb/202106/t20210603_1818129.html.

[26] 騰訊研究院. 中美 SaaS 比較：落後十年，十倍差距 [EB/OL].（2021-03-02）[2021-08-19].https://tisi.org/17749.

[27] 吳靜，劉昌新. 健全數字生態，釋放數字經濟新動能 [EB /OL].（2021-05-17）[2021-08-19].http://finance.people.com.cn/n1/2021/0517/c1004-32104989.html.

[28] 信息化協同創新專委會. 數字經濟核心科技深度報告 [EB/OL]. （2020-10-12）[2021-08-19].https://blog.csdn.net/r6Auo52bK/article/details/109039929.

[29] 徐夢周，呂鐵. 賦能數字經濟發展的數字政府建設：內在邏輯與創新路徑 [J]. 學習與探索，2020（3）：78-85.

[30] 徐曉新，張秀蘭. 數字經濟時代與發展型社會政策的 2.0[J]. 江蘇社會科學，2021（1）：11-23.

[31] 喻思南. 以市場導向推動科技成果轉化 [J]. 中國科技獎勵，2020，253（7）：31-31.

[32] 于立. 互聯網經濟學與競爭政策 [M]. 北京：商務印書館，2020.

[33] 詹國彬. 以大數據思維推進國家治理現代化 [EB /OL].（2020-04-15）[2021-08-19].http://www.cssn.cn/zx/bwyc/202004/t20200415_5114163.shtml.

[34] 張建鋒. 數字政府 2.0[M]. 北京：中信出版社，2020.

[35] 張平文. 數字生態將改變什麼 [EB /OL].（2020-10-12）[2021-08-19].https://news.gmw.cn/2020-10/12/content_34257711.htm.

[36] 中國信通院. 互聯網平台治理研究報告（2019 年）[R/OL].（2019-03-01）[2021-08-19].http://www.caict.ac.cn/kxyj/qwfb/bps/201903/P020190301352676530366.pdf.

[37] 中國信通院. 數字時代治理現代化研究報告（2021）[R/OL].（2021-03-02）[2021-08-19].http://www.caict.ac.cn/kxyj/qwfb/ztbg/202103/P020210302513072095209.pdf.

[38] 中國信通院 . 中國數字經濟發展白皮書（2020 年）[R/OL].
（2020-07-03）[2021-04-19].http://www.caict.ac.cn/kxyj/qwfb/
bps/202007/P020200703318256637020.pdf.

[39] 中國互聯網絡信息中心 . 第 47 次中國互聯網絡發展狀況統計
報告 [R/OL].（2021-02-03）[2021-08-19].http://www.cac.gov.
cn/2021-02/03/c_1613923423079314.htm.

[40] 周民 . 關於加快推進數字政府建設的若干思考 [J]. 信息安全研
究，2020，62（11）：88-91.

現代化新征程中的數字經濟

李三希　著

責任編輯　李茜娜
裝幀設計　鄭喆儀
排　　版　黎　浪
印　　務　劉漢舉

出版　　開明書店
　　　　香港北角英皇道 499 號北角工業大廈一樓 B
　　　　電話：（852）2137 2338　　傳真：（852）2713 8202
　　　　電子郵件：info@chunghwabook.com.hk
　　　　網址：http://www.chunghwabook.com.hk

發行　　香港聯合書刊物流有限公司
　　　　香港新界荃灣德士古道 220-248 號
　　　　荃灣工業中心 16 樓
　　　　電話：（852）2150 2100　　傳真：（852）2407 3062
　　　　電子郵件：info@suplogistics.com.hk

印刷　　點創意（香港）有限公司
　　　　香港葵涌葵榮路 40-44 號任合興工業大廈 3 樓 B

版次　　2024 年 4 月初版
　　　　© 2024 開明書店

規格　　32 開（210mm×153mm）

ISBN　　978-962-459-345-7